볼린저 밴드 투자기법

존 볼린저 지음 | 신가을 옮김 | 김정환 감수

볼린저 밴드 투자기법

존 볼린저 지음 | 신가을 옮김 | 김정환 감수

창시자 존 볼린저가 직접 쓴 실전 기법!

BOLLINGER ON BOLLINGER BANDS

이레미디어

"나는 존 볼린저가 나의 친구라는 사실이 무척 자랑스럽다. 현재도 그렇고 지난 20년 동안 계속 그래왔다는 사실에 기쁨을 느낀다. 월스트리트의 커뮤니티는 매우 똑똑한 사람들로 가득 차 있는데 존은 그중에서도 으뜸에 속한다고 생각한다. 나는 그의 지능과 상식, 그리고 무엇보다 그의 성실함에 항상 감명받아왔다. 그가 개발한 '볼린저 밴드'는 트레이더들에게 시장 추세를 증명해주는 단순하고도 핵심적인 도구로 자리매김하고 있다. 그 도구의 개발자가 직접 쓴 이 책은 누구도 대신 할 수 없을 정도로 완벽하다."

– 빌 그리피스Bill Griffeth
CNBC TV 앵커

"대가로부터 교훈을 얻어라! 통찰력 있는 주간 투자 분석 칼럼니스트로 뛰어난 재주를 가진 존 볼린저 역시 우리가 교훈을 얻어야 할 대가 중 한 명이다. 그는 오랜 연구 끝에 누구나 효과적으로 사용할 수 있는 트레이딩 툴을 개발하였으며 자신의 이름으로 모두에게 공개했다. 여기 등장하는 세 가지 매매기법은 추세매매를 비롯한 모든 것을 포괄하며, 지표에 대한 논의 역시 기술광이라면 아주 기뻐할 만큼 풍부하게 제시되어 있다."

"볼린저 밴드는 그 기법이 개발되어 알려진 이래 언제나 인기 있는 기법 중 하나였다. 그 사용법과 성과가 너무나 뛰어나기 때문이다. 이 책에서 존 볼린저는 볼린저 밴드에 대한 모든 것을 체계적으로 안내하고 있다. 밴드의 탄생부터 구축 방법, 활용할 수 있는 데이터부터 시작하여 스퀴즈와 밴드 타기, 그리고 밴드와 다른 지표들 간의 관계로 주가 움직임을 예측하는 기법에 대해 자세히 알려준다."

| **추천의 글** |

때는 바야흐로 1984년 6월. 나는 미국 캘리포니아 주 샌타모니카의 오션파크 가 2525번지에 처음 발을 내디뎠다. 그곳에는 경제, 시장, 금융 관련 뉴스만을 취급하는 미국 최초의 텔레비전 방송국인 파이낸셜 뉴스 네트워크FNN; Financial News Network가 위치하고 있었다. 다 쓰러져가는 2층짜리 건물이 FNN 방송본부였다. 볼품이라곤 없었다. 네모난 모양의 허름하고 비좁은 공간에서 직원 수십 명이 날마다 열두 시간씩 경제뉴스를 내보내느라 비지땀을 흘리고 있었다. 쥐꼬리만 한 월급에 시청률도 바닥이었다. 정확히 17년 전 내가 목격한 현실은 이랬다.

어쨌든 나는 FNN에 말단사원으로 취직했다. 영화감독을 꿈꾸었지만 스티븐 스필버그도, 조지 루카스도 될 성 부른 떡잎인 내 재능을 알아보지 못하는 게 아닌가. 스필버그나 루카스는 나라는 사람이 있는 줄도 몰랐을 게다. 나로서는 세계적 명장으로 성공할 자신이 있었지만 영화학교를 졸업한 이 인재를 거들떠보는 사람은 없었다. 그러던 차에 고등학교 동창인 친구 하나가 보수를 받을 수 있는 일자리로 FNN을 알아봐준 것이다. 나로선 생소하기 짝이 없는 분야였으므로 잠시 쉬어

가는 직장 정도로 생각했다. 주류 방송국의 TV 쇼나 영화에 쓸 대본을 완성하는 동안 이 직장에서 생활비를 벌고 대본이 완성되면 부와 명성을 거머쥘 생각이었다.

입사 후 영상 기술을 익히고 배울 수 있었지만 내용은 따분하기 짝이 없었다. 적어도 당시엔 그랬다. 나는 숫자에 서툰 편인데 웬 숫자가 그리도 많고 웬 전문용어도 그리 많은지. 양모선물이니 팜유시장이니 생전 처음 들어보는 상품도 부지기수였다. 하지만 FNN 보도국에 있는 사람들은 이런 것이 초미의 관심사였다. 나는 의아스러웠다. 아무런 의미도 없어 보이는 이런 것들에 보도국 사람들 모두가 도대체 왜 이토록 몰두하는 걸까? 이 사람들은 왜 차트니, 그래프니 하는 걸 보는 걸까? 이 사람들이 날이면 날마다 하는 얘기는 대체 무슨 뜻일까? 호기심이 발동하기 시작했다.

내가 점차 흥미를 느끼게 된 사연은 다시 얘기하기로 하고 FNN의 근무 환경부터 설명하겠다. 네모난 건물 1층에 메인 보도실 세 개가 있었다. 명색이 보도실이건만 몇 평 되지도 않는 방에 책상이 죽 늘어서 있고 책상 위에는 필수품인 IBM 타자기와 뉴스 대본이 담긴 상자,

그리고 어느 사무실에서나 빠지지 않는 것, 즉 휴지가 넘치는 쓰레기통이 놓여 있었다. 20대나 30대 초반의 젊은이들이 작가와 프로듀서로 일하고 있었으며, 수석 프로듀서들은 신문사나 방송국 출신으로 언론계에 오래 몸담았던 베테랑들이었다. 이들은 이제까지 아무도 시도하지 않았던 경제뉴스 보도라는 새로운 분야를 개척하려고 노력했지만 번번이 좌절을 맛보곤 했다.

메인 보도국에는 부속실 두 개가 딸려 있었다. 하나는 그날의 뉴스 방송분 녹화 필름을 편집하는 보조 프로듀서와 단편 프로듀서들이 쓰는 방이었고 하나는 생방송을 진행하는 전문가들이 쓰는 방이었다. 생방송 전문가로 존 볼린저John Bollinger와 고故 에드 하트Ed Hart가 있었는데 이들은 그날그날의 시장 동향에 대해 시청자들에게 알려줬다. 에드 하트는 머리가 희끗희끗한 경제뉴스 베테랑으로, FNN에서 일하는 한편 캘리포니아의 뉴스 전문 라디오 방송국인 KFWB에서도 매일 경제뉴스를 보도하고 있었다. 당시 KFWB는 또 다른 지역 방송국으로 더 규모가 큰 KNX 방송국과 경쟁 관계였다.

에드는 '왕소금' 구두쇠였다. 짠돌이에다가 야한 농담까지 즐겨 했지만 그는 내가 함께 일해본 경제 전문 언론인 중 최고였다. 경제와 시장의 역사라면 줄줄 꿰고 있는 걸어 다니는 백과사전이었으며 놀라운 기억력에 날카로운 위트와 풍자를 구사했다. 그리고 누군가 어리석은 짓을 하면 그냥 봐주는 법이 없었고 '당신은 머리가 모자란다'와 같은 표현을 서슴없이 해댔다.

하지만 사실 에드는 인정 넘치는 사람이었고 경제뉴스만큼 요트와 춤을 즐겼다. 에드의 머릿속은 항상 중요한 것들로 가득 차 있었다. 그의 일은 정확하고 시의적절한 분석과 통찰력이 필요했는데 그는 이 모든 조건을 갖추고 있었다. 시장을 한발 앞서 예측했고 예측은 항상 정확했다.

FNN의 다른 전문가 한 사람은 보도국에서 떨어진 방에 말 그대로 고립된 채 앉아 있었다. 그 사람이 바로 존 볼린저였다. 당시 FNN의 상임 시장 분석가로 항상 차트, 그래프를 분석하고 시장 움직임의 반복되는 패턴을 살폈다. 시청자들에게 시장 패턴을 설명하고 과거 패턴을 참고하여 현명하게 투자할 수 있도록 돕는 것이 볼린저의 임무였다. 볼린저는 주식 시세기와 원시적인 형태의 컴퓨터, 종이 더미에 파묻혀 지냈다. 그리고 기술적 분석에 관한 온갖 책들도 있었는데 당시 나로선 제목조차 이해하기 힘들었다. 그는 고집이 센 편이었고 시장에 관한 문제라면 자기주장이 강했고 거침이 없었다.

볼린저는 독특한 이력의 소유자라서 단번에 관심이 갔다. 전에는 카메라맨으로 여러 해 동안 일했고 CBS 보도 프로그램 '식스티 미니츠60 minutes' 제작에도 관여한 적이 있다고 했다. 우리 둘은 영화를 좋아했고 훌륭한 대본에도 관심이 많다는 공통점 덕분에 자연스레 서로 끌렸다. 그런데 나로서는 주류 방송국에서 일하던 사람이 어째서 좋은 일자리를 버리고 굼벵이처럼 구불구불 기어가는 차트의 곡선 따위나 쳐다보고 있는지 도통 알 수가 없었다. 물론 그 차트라는 것이 누군가에겐 중요하다지만 말이다. 속내를 알 길이 없었고 궁금증은 점점 커져 갔다.

아까 말했듯이 FNN에 처음 취직했을 무렵 나는 경제니 시장이니 금융이니 하는 것에 전혀 관심이 없었다. 하지만 몇 달 일하다 보니 직장 동료들의 대화나 보도 내용이 궁금해지기 시작했다. 물론 여전히 박스 오피스에서 대박을 터뜨릴 그날을 고대하고 있었지만 말이다. 당시 FNN에서 경제뉴스를 보도하던 빌 그리피스Bill Griffeth*와 수 헤레라Sue Herera(당시엔 수 맥마혼Sue McMahon이라는 이름으로 활동)**는 경제 전문 방송국을 만들기 위해 힘쓰고 있었다. 이 앵커들과 에드 하트, 존 볼린저 그리고 수석 프로듀서 더그 크라이튼Doug Crichton 등은 수시로 모여 시사 문제나 금융, 시장, 경제에 대해 이야기를 나누었는데 아는 게 없었던 나는 감히 낄 엄두도 못 냈다. 하지만 마침내 이들이 하는 이야기에 매료되었고 경제뉴스 광狂이 되었다. 덕분에 지금까지도 경제뉴스 중독자로 지내고 있다.

내가 FNN에 소위 '코를 꿰이게' 된 건 존 볼린저 때문이었다. 일에 대한 볼린저의 열정은 다른 사람까지 전염시킬 정도로 대단했다. 시장과 시장의 역사에 대해 배우려는 그의 열정에는 다른 사람들까지 덩달아 의욕이 생기게끔 하는 마력이 있었다. 그는 세심한 것까지 신경을 썼고 우리는 지칠 줄 모르는 볼린저의 정보 수집욕을 따라가기 바빴다. 볼린저가 시장에 대한 지식을 쌓아나갈수록 그의 통찰력은 주변

---

* 현재 CNBC 경제TV 네트워크 앵커-옮긴이
** 현재 CNBC 경제TV 네트워크 앵커-옮긴이

사람들에게 유용하게 쓰였다. 그는 시장이 주는 메시지를 아주 재빨리 취합해서 드러나지 않은 의미를 설명하곤 했는데 시청자뿐 아니라 같이 일하는 우리 모두는 이런 기민한 해석 능력에 감탄을 금치 못할 정도였다. 우리 동료들은 누구나 볼린저가 언젠가는 기술적 분석에 커다란 족적을 남길 사람이라는 사실에 의심의 여지가 없다고 믿었다.

조 그랜빌Joe Granville, 로버트 퍼렐Robert Farrell, 에드손 굴드Edson Gould, 로버트 프렉터Robert Prechter, 찰스 다우Charles Dow는 오늘날까지도 통용되는 시장 분석 기법을 개발했다. 이들 외에도 수많은 거장들이 연구하고 발전시켜온 분야 중 하나가 기술적 분석이다. 기술적 분석은 우위를 점할 수 있는 수단 중 하나이며 이 수단이 있느냐 없느냐에 따라 승패, 즉 수익과 손실이 갈라진다. 오늘날에는 월스트리트의 주요 증권사와 펀드 운용 회사, 헤지펀드 운용사들이 기술적 분석가를 고용하고 있다. 그리고 투자자들 역시 누구나 남보다 한발 앞서기를 원한다.

이러한 상황이므로 존 볼린저가 명망 있는 분석가의 반열에 오르는 건 시간 문제였다. 동료들의 예상은 빗나가지 않았으며, 마침내 아무도 주목하지 않았던 월스트리트의 무명씨가 시장 분석가로 당당히 성장했다.

『볼린저 밴드 투자기법』은 시장을 공부하는 사람이라면 누구에게나 필독서라 할 수 있다. 이 책은 볼린저가 FNN에서 일하면서 개발하고 익힌 중요한 기술적 분석 기법을 상세히 설명하고 있다.

존 볼린저가 볼린저 밴드를 처음 개발할 당시 나는 그가 얼마나 대단한 일을 해냈는지 실감하지 못했다. 앞서 고백했듯 몇 년이 지나서야 내가 보도하는 내용에 대해 이해할 수 있을 정도였으니 당시 그가 하는 일은 나에겐 불가사의였다. (아직도 내가 기술적 분석에 문외한일 거라 걱정하는 사람이 있을까 봐 밝혀두지만 지금은 그렇지 않다.)

훌륭한 발명품이 대개 그렇듯 볼린저 밴드 역시 단순함이 장점이다. 볼린저 밴드는 부침을 거듭하는 시장에 항상 있게 마련인 변수들을 규정하고 어느 정도로, 어떤 속도로 움직일지 예측 가능한 대상으로 만든다. 볼린저 밴드는 유연성 있게 휘지만 붕괴되기도 한다. 볼린저 밴드가 붕괴될 때 투자자들이 원하는 가장 중요한 정보가 드러난다. 볼린저 밴드는 수학적 연산 과정을 거쳐 구축되지만 차트 위에 그려놓으면 투자자에게 더없이 소중한 수많은 정보를 제공한다.

간단히 말해 볼린저 밴드는 모든 투자자, 트레이더, 펀드매니저가 반드시 익히고 활용해야 할 기술적 도구다. 기술적 분석가의 이름을 그대로 딴 분석 기법은 손에 꼽을 정도인데, 그중에서도 볼린저 밴드는 최고의 기법과 도구로서 사람들에게 오래도록 기억될 것이다.

2001년 6월
론 인사나Ron Insana
CNBC 비즈니스 네트워크 앵커

최초의 기술적 분석가인 찰스 다우가 20세기 초 미국에서 활약한 이후 다양한 기술적 분석 이론들이 발표되었고, 발전되어왔다. 갠 팬 Gann Fans 이론을 만든 윌리엄 갠W. D. Gann, 스토캐스틱 지표를 만든 조지 레인George Lane, 볼린저 밴드를 만든 존 볼린저 등은 그야말로 찬사를 받을 만한 기술적 분석의 명망가들이다. 이들의 이론이 극찬을 받는 데는 주가의 단순한 움직임뿐만 아니라 그 본질에 다가서려는 보다 근본적인 노력이 포함되어 있기 때문이다.

　최근 들어서는 기술적 분석뿐 아니라 증권 분석 자체가 더욱 복잡해

감수 : 김정환(대우증권 리서치센터 차티스트)
1994년 대우증권에 입사하여 주식시장에 첫 발을 디딘 이래 오늘까지 한시도 현장을 떠나본 적이 없는 증권맨이다. 대우증권 리서치센터에서 기술적 분석과 스몰캡 분석, 지주회사 분석을 해왔으며 베테랑 차티스트로 꼽히고 있다. 2001~04년《조선일보》,《매일경제》,《한국경제》,《헤럴드경제》에서 선정한 베스트 애널리스트(차티스트 부문 3~5위)에 선정된 바 있다.《한겨레신문》,《헤럴드경제신문》,《서울경제신문》 등에 '주식시황'과 '기술적 분석'을 연재하였으며 매일경제TV와 한국경제TV 등 증권 관련 프로그램에 출연하였다. 한국증권협회 증권연수원에서 '기술적 분석 과정'과 '실전 매매 과정'의 강사를 역임했으며, 대우증권 사내 강의 중 '기술적 분석 심화 과정'을 맡아 진행하였다.
저명한 투자가 가운데 미학과 철학을 전공하고 "투자가의 가장 중요한 덕목은 상상력"이라고 한 앙드레 코스톨라니를 가장 좋아한다. 평소 증시에서의 좌우명은 "주식 앞에 겸손하자"와 "시장은 항상 옳다"는 것이다. 저서로 증권 분야 베스트셀러 『차트의 기술: 한 권으로 끝내는 기술적 분석의 모든 것』, 『개미, 공룡의 샅바를 잡다: 왕초보를 위한 기술적 분석의 모든 것』 등이 있으며, 『스티브 니슨의 캔들차트 투자기법』을 감수하였다.

지고 있다. 주가는 대부분의 사람들이 생각하는 것처럼 정형적으로 움직이지 않으며 시장 역시 단순한 시스템이 아니다. 따라서 전통적인 선형적 분석도구는 실패할 확률이 높으며, 그 시스템을 이해하기는 더더욱 어렵다. 이러한 상황에서 투자자들이 활용할 수 있는 유일한 도구는 상대적 도구뿐이다. 상대적 도구의 대표적인 예로 볼린저 밴드를 들 수 있으며 현재 전 세계적으로 수많은 투자자, 기관들이 신뢰하는 분석 툴로 곁에 두고 있다.

볼린저가 쓴 이 책은 현대 투자기법의 고전 중 하나로 꼽힌다. 이러한 명저가 왜 이제야 국내에 소개되는지 다소 늦은 감은 있지만 무척 반가운 일이다. 독자들은 이 책을 통해 왜 볼린저 밴드가 탁월한 투자기법이며, 존 볼린저는 주가의 본질을 어떻게 통찰했는지를 알 수 있게 될 것이다. 볼린저 밴드는 부침을 거듭하는 주식시장에서 항상 있게 마련인 변수들을 규정하고 어느 정도로, 어떤 속도로 움직일지 예측 가능한 대상으로 만들어준다.

볼린저 밴드의 모양을 살펴보자. 볼린저 밴드는 차트 위의 주가 움직임을 감싸는 띠다. 주가가 급격히 변화하는 시점에서 엔벌로프가 적절한 매매 시기를 알려주지 못하는 단점을 보완한 것으로, 주가 변동성을 이용해 가격 변동 띠를 탄력적으로 변화시킨 것이다. 밴드를 구축하는 기초가 되는 데이터는 중기 추세를 보여주는 이동평균이다. 대개 20일 이동평균으로 중간 밴드를 구축하고 표준편차에 2를 곱해 상단 밴드와 하단 밴드를 그린다.

이처럼 볼린저 밴드에 적용된 이론은 간단하다. 표준편차의 개념을 주가에 대입해서 편차 내에 가격이 존재할 확률을 매매에 이용한 것이다. 하지만 이것은 엔벌로프처럼 '평균에서 주가가 얼마나 떨어져 있는가?'를 경직된 시각으로 보지 않고, 가격의 변동성이 커지거나 작아질 경우에 평균에서부터 주가의 거리를 변동성을 감안하여 다르게 적용토록 한 것이다. 다시 말하면 주가에 변동성의 개념을 적용한 것이며, 변동성이 작으면 가격들이 평균선에 집중되고 변동성이 커지면 가격들이 평균에서 흩어지며 밀도가 낮아진다는 사실을 적용한 것이다.

볼린저 밴드의 목적은 상대적인 고점과 저점을 제공하는 것이다. 주가가 상단 밴드에 가까우면 주가가 높고 하단 밴드에 가까우면 낮다. 주가가 절대적인 신고점이나 신저점(즉, 이전 고점보다 높은 고점 또는 이

전 저점보다 낮은 저점)을 기록하더라도 이것이 밴드폭 내에서 일어난다면 상대적으로는 전고점이나 전저점을 이탈하지 않았다고 본다. 바로 이에 따라 합리적인 투자 의사결정을 내릴 수 있는 것이다.

볼린저 밴드의 가장 큰 특징은 수렴과 확산이다. 주가가 살아 있는 생물처럼 움직이는 것과 마찬가지로 볼린저 밴드는 폭이 넓어졌다, 좁아졌다를 반복하며 운동을 지속한다. 중요한 것은 밴드폭이 넓어질 경우 마냥 넓어질 수는 없다는 것이며, 또한 좁아질 경우 좁아진 채로 계속 머물지는 않는다는 것이다. 좁아지면 넓어지려는 욕구가 강하게 되고 지나치게 넓어지면 좁아지는 쪽으로 운동성을 갖는다.

이는 비단 주식에서뿐만이 아닐 것이다. 달이 차면 기울고, 기울던 달은 다시 보름달을 향해 확산한다. 우리는 이를 경험으로 알고 있으며 믿고 있다. 그리고 한편으로 모든 기술적 지표는 이러한 경험을 패턴화시킨 것이다. 존 볼린저는 주가가 밴드 상단과 하단 사이에서 움직일 확률이 95.44퍼센트라는 사실을 발견하고 어쩌면 '유레카'를 외쳤을지도 모른다. 밴드 밖으로 튕겨나갈 확률, 즉 4.56퍼센트라는 예외가 있지만 확률 게임이라는 주식투자의 속성상 이는 훌륭한 승률이 아니겠는가.

존 볼린저는 아직도 월가에서 왕성하게 활동하고 있는 현역 전문가다. 필자의 졸저『차트의 기술』에서도 잠깐 언급하였지만, 존 볼린저는 1998년 미국 시장의 '16년 주기설'을 발표하여 주목을 받은 주인공이기도 하다. 기술적 분석을 통해 그해부터 16년간의 침체기에 들어가 2014년까지 약세장이 이어질 것이라는 주장을 내놓았던 것이다. 그는 미국 증시가 1934~50년, 1966~82년의 장세와 비슷한 양상을 띠고 있다며 이와 같이 내다봤다. 2010년 현재 다우 지수는 1998년도의 주가 수준에서 크게 벗어나지 못하고 있는바 그의 혜안이 놀라울 따름이다.

마지막으로 미국에서 저자인 존 볼린저의 강의를 들은 적이 있는 동료 전문가의 경험을 소개한다. 수강생 중에서는 개인 투자자도 있었고, 대학교수도 있었다고 한다. 개인 투자자들은 눈을 크게 뜬 채 볼린저의 이야기에 집중했고, 교수들은 팔짱을 낀 채 조금은 거리감을 두고 싶어하는 자세로 강의를 듣는 것 같았다고 했다. 두 시간에 걸친 강의 내용은 주로 투자심리에 관한 내용이었다고. 강의를 마치면서 볼린저는 이렇게 말했다고 한다.

> "나는 볼린저 밴드라는 기술적 지표를 만든 사람입니다. 그래서인
> 지 투자자들은 나에게 볼린저 밴드로 매매하는 기법을 가르쳐달라고
> 합니다. 볼린저 밴드가 아니라면 다른 매매기법이라도 한 수 가르쳐
> 달라고 합니다. 그러나 제가 말씀드릴 수 있는 것은 이 세상에 여러분
> 이 꿈꾸는 마술 같은 매매기법은 없다는 것입니다. 투자의 세계에서
> 는 매매기법이 중요한 것이 아니라 투자원칙이 중요합니다."

볼린저의 이 같은 말에도 불구하고 강의가 끝나자 많은 사람들이 강
단으로 몰려들었다고 한다. 개인 투자자뿐만 아니라 아까 팔짱을 끼고
있던 교수들까지도 말이다.

강의장에서와 달리 이 책에는 존 볼린저가 직접 활용하고 검증한 매
매기법이 제시되어 있다. 볼린저 밴드를 매매에 활용하는 전 세계의
투자자들을 위해 원리부터 정확히 이해하고 기법을 운용할 수 있도록
차근차근 기획하여 정리한 것이다. 독자로서는 이를 익히는 것이 무엇

보다 중요할 것이다. 그런데 독자가 해야 할 또 하나 중요한 일은 자신의 투자원칙을 세우는 일이다. 볼린저가 제시한 핵심적인 매매기법에 자신의 투자원칙을 접목한다면 이 험난한 시장의 파고를 무난히 헤쳐나가 수익이라는 다디단 열매를 차지할 수 있을 것이다.

투자자들 모두에게 우리 시대의 투자 고전이라고 할 수 있는 이 책을 일독하길 권한다. 아울러 이를 통해 주가의 본질을 통찰하는 계기가 되길 기원한다.

2010년 6월
김정환
「차트의 기술」 저자, 대우증권 리서치센터 차티스트

| 차례 |

제1부 시장을 분석한다는 것

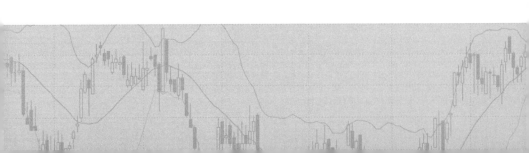

제6부 총정리

부록

| 그림과 표 목록 |

〈그림 목록〉

내가 주식시장을 처음 접하게 된 건 물려받은 주식 때문이었다. 어릴 때 프루하우프Fruhauf 사 주식을 몇 주 물려받은 것이다. 그 회사는 그 뒤 오래 버텼지만 결국 파산하고 말았다. 두 번째로 주식을 접한 것은 1960년대 후반, 청년시절이었다. 당시 나는 미디어 박물관에서 일하고 있었는데 세 형제가 박물관 소유주였다. 그들의 아버지는 당시 하이테크 주식을 인수해 큰돈을 번 사람이었다. 너도나도 하이테크 종목에 투자했는데 내 상관은 거기 투자했다가 손실을 보고 말았다. 뭐가 어떻게 돌아가는지 잘 알지는 못했지만 그때 나는 본능적으로 뭔가 잘못되었다는 걸 느끼고 있었다. 다음엔 어머니를 통해 주식시장을 경험하게 되었다. 1970년대 중반 약세장에서 뮤추얼 펀드를 보유하고 있던 어머니는 손실을 보고 말았다.

이후 주식시장에 대한 지식을 쌓게 된 계기는 1970년대 후반 오일쇼크 때였다. 당시는 유가가 "배럴당 50~100달러까지 오를 수밖에 없다"는 분위기였고 너도나도 석유 관련 주식에 투자했다. 특히 미국 오클라호마 주의 애너다코 분지 같은 곳에서 천연가스를 시추하는 소

기업이 인기였다. 말할 필요도 없이 유가는 오르기는커녕 하락을 거듭하면서 석유 관련 주식은 휴지조각이 되었고 수많은 한계기업限界企業*의 주식은 시장에서 완전히 사라졌다.

더 나은 투자방법이 있어야 했기에 나는 그 길을 열심히 찾았다. 오랜 시간이 걸리긴 했지만 결국 나는 투자방법을 개발해냈다. 그것이 바로 합리적 분석Rational Analysis이다. 합리적 분석은 기술적 분석technical analysis과 기본적 분석fundamental analysis을 상대적 틀 속에 결합한 것이다(그림 P.1). 이 책의 핵심 주제는 상대적 틀을 제공하는 합리적 분석과 볼린저 밴드로, 합리적 분석에 관한 설명에도 많은 공간을 할애할 예정이다.

용어를 정의하자면 다음과 같다.

---

* 경제 환경 변화로 경쟁력을 상실한 기업-옮긴이

- 기술적 분석: 시장 관련 자료를 연구해 투자 의사결정에 참고함

- 기본적 분석: 기업 관련 자료를 연구해 투자 의사결정에 참고함

- 합리적 분석: 기술적 분석과 기본적 분석의 교집합 [1]

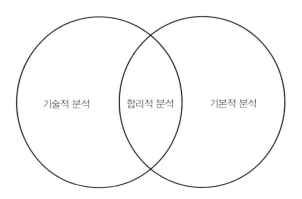

그림 P.1 합리적 분석

기술적 분석가는 주가 안에 유용한 정보가 이미 전부 들어 있다고 가정한다. 따라서 기술적 분석가에게는 주가 자체가 최상의 정보다. 기본적 분석가는 기업의 재무 구조를 바탕으로 분석한 주식의 가치와 시장에서의 주가를 비교한다. 둘 사이에 상당한 격차가 있을 때 이들

은 행동에 나선다. 본질적으로 기술적 분석가는 시장이 옳다고 믿으며 기본적 분석가는 자신들의 분석이 옳다고 믿는다.

　주식이 그 기업은 아니며 기업 역시 주식이 아니라는 사실을 명심해야 한다. 기업과 기업의 주식 사이에는 분명 연관성이 있지만 둘 사이의 연관관계는 사람들의 심리적인 면이 큰 비중을 차지한다. 과거에는 궁극적으로 주가를 결정하는 건 기업의 펀더멘털이라고 믿었다. 그러나 이런 가설에 반하는 두 가지 사례를 들어보겠다. 주가가 하락하면 기업이 피해를 입을 수 있는데 다음의 일들이 발생하기 때문이다. 첫째 주가가 하락하면 스톡옵션을 보유한 핵심 임원들이 보수가 더 나은 다른 회사로 옮겨갈 가능성이 있다. 더 나쁜 두 번째 경우는, 주가가 하락하면 기업이 살아남는 데 필요한 자금 조달에 어려움을 겪을 수 있다. 그런데 어떤 경우든 합리적 분석을 활용하는 투자자는 주식과 기업 양쪽을 모두 이해하고 있으므로 유리한 고지를 점한다.

　결국 성공 투자로 가는 왕도는 기술적 분석과 기본적 분석을 결합하는 것이다. 이 둘을 결합하면 투자자나 트레이더는 감정을 제어하면서 합리적 의사결정을 내릴 수 있다.

투자자의 최대 난적은 감정이다. 공포에 빠져 투매에 나선 적이 있는가? 천정에서 매수해 상투를 잡은 적은 없는가? 약세장에서 이러지도 저러지도 못하고 손이 묶여서 발만 동동 굴렸던 적은? 또는 다음 번 시장이 크게 반등할 때 기회를 못 잡을까 두려워한 적은 없는가? 합리적 분석은 최대한의 정보와 합리적 토대를 제공하므로 이런 덫을 피할 수 있게 해준다. 따라서 합리적 분석을 활용하면 군중에 휩쓸리거나 탐욕과 두려움에 사로잡혀 실수를 반복하는 일을 피할 수 있으며 군중보다 한 차원 높은 곳에서 최상의 수익을 내도록 투자할 수 있다.

마지막으로 순조로운 출발을 위해 볼린저 밴드를 설명하겠다. 볼린저 밴드는 차트 위의 주가 움직임을 감싸는 띠다(그림 P.2). 볼린저 밴드의 목적은 상대적인 고점과 저점을 제공하는 것이다. 주가가 상단 밴드에 가까우면 주가가 높고 하단 밴드에 가까우면 낮다.

밴드를 구축하는 기초가 되는 데이터는 중기 추세를 보여주는 이동평균이다(표 P.1 참고). 20일 이동평균으로 중간 밴드를 구축하고 표준편차로 변동성volatility을 측정해 밴드폭을 결정하되, 변동성은 이동평균 산출에 사용된 데이터와 같은 데이터를 이용해 구한다. 그리고 표준편차에 2를 곱해 상단 밴드와 하단 밴드를 그린다.

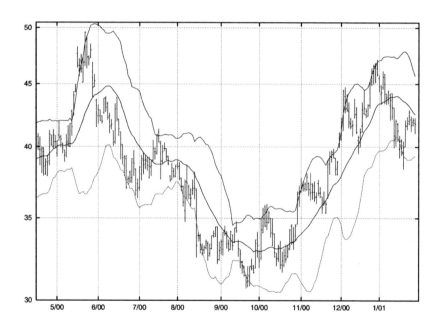

그림 P.2 볼린저 밴드

디어앤코, 200일.

표 P.1 표준 볼린저 밴드 공식

상단 밴드 = 중간 밴드 + 2 표준편차

중간 밴드 = 20일 이동평균

하단 밴드 = 중간 밴드 − 2 표준편차

볼린저 밴드가 무엇인지 알았으므로 이제 본격적으로 활용법을 공부하기로 하자.

존 볼린저

| 감사의 글 |

혼자 할 수 있는 일이란 없다.

먼저 부모님께 감사드린다. 아버지 덕분에 수학이 재미있다는 것을 알게 되었고 비상하는 법을 배웠다. 어머니는 나를 믿으시고 나의 손에 미래를 맡기셨다.

아내 도리에게 감사를 전한다. 아내가 없었다면 이 책을 쓰지 못했을 것이다. 그리고 영원히 지지 않는 태양처럼 밝고 환한 딸 조이에게도 고맙다는 말을 전한다.

절친한 친구 존 라트너John Ratner에게도 고마움을 전하고 싶다. 내가 라트너를 처음 만났을 땐 AG 베커AG Becker의 브로커였는데 라트너 덕분에 많은 일이 가능했다. 그가 찰스 스페스Charles Speth와 홀리 헨드릭스Holly Hendricks를 소개해준 덕분에 이들이 운영하는 회사에서 트레이딩을 익힐 수 있었다. 라트너는 총무부서에 얘기해서 세미나를 운영하는 나의 책상에 트레이딩 시스템을 마련해주기도 했다.

FNN 이사장인 얼 브라이언Earl Brian에게도 감사를 전한다. 얼은 나를 믿어주었고 컴퓨터를 활용한 나의 기술적 분석을 신뢰해주었다.

마크 차이킨Marc Chaikin, 스티브 로이톨드Steve Leuthold, 돈 워든Don

Worden, 짐 예이츠Jim Yates에게도 감사를 전한다. 이들 덕분에 내가 그렇게도 알고 싶었던 개념과 기법을 배울 수 있었다. 또한 나에게 불가능해 보일 정도의 높은 목표를 갖게 해준 아서 메릴Arthur Merrill에게도 감사를 전한다.

이 책의 차트와 테스트 과정에서 사용한 데이터는 브리지스테이션BridgeStation에서 제공했다(http://www.bridge.com). 대체로 테스트에는 마이크로소프트 엑셀을, 차트는 그누플롯gnuplot을 이용했는데 마이크로소프트 비주얼 베이직Microsoft Visual BASIC과 DDE를 통해 브리지 데이터를 취합해서 그누플롯으로 차트를 그렸다.

컴퓨터 세계에서 최고의 품질을 자랑하는 소프트웨어들이 무상으로 공개되고 있다. 리눅스Linux나 그누플롯 등 훌륭한 프로그램들을 공개해준 프로그래머들에게도 감사를 전한다. http://www.opensource.org에 접속하면 더 많은 무상 공유 소프트웨어를 볼 수 있다. 소프트웨어 무상 공유 운동의 창시자인 프리 소프트웨어 파운데이션(Free Software Foundation, http://www.fsf.org)에도 접속해볼 것을 권유한다.

시장을 분석한다는 것

● ● 제1부는 볼린저 밴드를 활용한 기술적 분석을 위해 가장 먼저 알아야 할 사항들에 대해 짚어본다. 분석에 사용되는 기초적인 데이터에 대해 소개하고 어떤 시간틀을 선택할 것인가에 대해 논하며 볼린저 밴드의 길이와 폭을 선택하는 것에 대해 알아본다. 그리고 시장에 대한 우리들의 다양한 접근법과 그 작동 기제를 철학적인 측면에서 살펴본다.

PART 01

들어가며

80여 년 전 물리학자 앨버트 아인슈타인은 '상대성relativity' 개념을 발표했다. 이 개념의 핵심은 모든 사물은 다른 사물과의 관계에서만 존재한다는 것이었다. 따라서 어떤 것도 홀로 존재하지 않는다는 것, '절대absolute'란 없다는 것이 상대성 이론의 필연적 결론이다. 검은 것이 존재하려면 흰 것이 있어야 한다. 빠르다는 건 느리다는 것과의 관계 속에서만 존재한다. 가늠할 수 있는 잣대가 되는 낮은 것이 없다면 높은 것도 존재할 수 없다.

아인슈타인은 상대성 이론을 물리학에 적용했기 때문에 이 이론에

공감할 수도 있었을 많은 청중을 놓쳐버리고 말았다. 그러나 철학자 버트런드 러셀Bertrand Russell*을 비롯한 여러 학자들이 물리학의 범위를 넘어서는 영역에 유사한 개념을 적용했다.

　1925년《네이션》지에 연재된 논문 '상대성의 ABC'를 통해 러셀은 대중이 일단 상대성 이론에 익숙해지기만 하면 이 이론이 대중의 사고방식을 바꾸어놓으리라는 믿음을 표명했다. 사람들이 추상적인 사고를 더욱 많이 할 것이며 낡은 절대적 법칙들을 버리고 상대성 개념을 활용하게 되리라는 믿음이었다. 과학계에는 분명 이런 현상이 발생했다. 그러나 대중문화에 흡수된 상대성 이론은 대중의 사고방식을 거의 변화시키지 못했다. 왜냐하면 상대성 이론에 익숙한 사람도, 상대성 이론을 조금이나마 이해하는 사람도 드물었기 때문이다. [1]

　아인슈타인이 연구를 시작할 무렵 미 대법원 판사 올리버 웬델 홈즈 주니어Oliver Wendell Holmes Jr.**는 미국의 사법제도를 상대성의 영역으로 끌고 가기 위한 방향전환을 시도하면서 법정이 절대 진리를 판결할 수는 없다고 주장했다. 법정은 상충하는 주장들 사이에 상대적인 시비곡직是非曲直을 가릴 수 있을 뿐이며 그것조차도 절대적인 틀로 판

＊　1872~1970, 영국의 수학자이자 철학자—옮긴이
＊＊　1841~1935, 미국 수정헌법 제1조 표현의 자유에 관한 Schenck v. United States 판결로 유명한 대법관—옮긴이

단할 수는 없고 사회와의 관계라는 틀 안에서만 판단할 수 있다는 것이 홈즈의 논리였다.

미 대법원 판사 재임 초기 홈즈는 이렇게 말했다.

> 법률은 여러 세기에 걸친 한 국가의 발전사를 구현하고 있다. 따라서 법률을 공식과 결론만을 담고 있는 수학 교재처럼 다룰 수는 없다. 법률이 무엇인지 알고자 한다면 법률의 과거뿐 아니라 미래 어떤 방향으로 가고 있는지 알아야 한다. [2]

아인슈타인과 홈즈의 업적도 어느 날 갑자기 '나 홀로' 불쑥 솟아난 건 아니다. 그들이 강조한 것은 사회 내부에서 서서히 부상하는 추세를 반영하고 있었다. 19세기가 저물면서 세상은 점점 복잡해졌고 인간사를 관장해온 절대 진리는 더 이상 도움이 되지 않는다는 인식과 함께 인류가 계속 전진하려면 상대적인 틀이 필요하다는 인식이 널리 확산되었다. 그리고 시장 역시 마찬가지였다.

이런 사상의 밑바탕에는 '겸양'이 있다. 이러한 사상은 우리 인간의 한계를 꿰뚫어보고 있으며 서구 철학보다는 동양 철학을 반영하고 있다. 투자를 위한 완벽한 접근법이라는 목표는 단지 목표일 뿐이다. 거기에 다가갈 수 있을지는 몰라도 목표는 언제나 우리의 손아귀를 벗어난다. 사실 완벽한 시스템이란 존재하지 않는다. 우리는 우리가 가진 능력의 한계 내에서 우리가 할 수 있는 일을 할 뿐이다.

만델브로트Benoit Mandelbrot*는 '카오스chaos 이론'에 관한 연구를 시작할 무렵 면화가격이 직선으로 움직이지 않는 비선형적非線型的, nonlinear 움직임을 보인다는 사실을 발견했다. 이후로도 많은 사람들이 금융 시스템은 극도로 복잡다단하며 복잡하기로 첫손 꼽히는 시스템, 즉 기상만큼이나 예측하기 어려운 행보를 보인다고 주장했다. 시스템이 복잡해질수록 전통적인 선형적線型的, linear 분석도구는 실패하며 시스템을 이해하기는 더더욱 어려워진다. 복잡한 시스템을 이해할 수 있는 유일한 도구는 상대적 도구relative tool뿐이다.

찬반 여부를 막론하고 이런 논쟁들을 깊숙이 파헤치는 것이 이 책의 목적은 아니다. 다만 이 책은 주가는 대부분의 사람들이 생각하는 것처럼 정상적으로 움직이지 않으며 시장 역시 단순한 시스템이 아니라는 수많은 증거를 수용한다. 시장은 점점 더 복잡해지며 따라서 정복하기 어려워지고 있다는 것이 이 책의 밑바탕에 깔린 기본 가설이다.

시장에는 돈을 벌려면 싸게 사서 비싸게 팔거나, 먼저 비싸게 팔고 싼 가격에 되사라는 오래된 격언들이 있다. 하지만 시장의 변동성이 커지고 패턴이 복잡해지면 이 격언대로 하기가 어려워진다. 전 세계에서 선물 거래가 가장 활발하게 이루어지는 시카고거래소에는 이런 말이 전해 내려온다. '법칙 하나, 바닥에서 살 수 있다, 일생에 단 한 번. 법칙 둘, 천정에서 팔 수 있다, 역시 일생에 단 한 번.'

---

* 1924년생 프랑스 수학자로 프랙털 기하학의 창시자―옮긴이

이 책의 목표는 투자자들이 빠지기 쉬운 다양한 함정을 피하도록 도와주는 것이다. 예를 들면 '저가 매수buy low'라는 함정이다. 이 함정에 빠지면 '저가'에 매수하고 난 뒤 주가가 계속 곤두박질치는 걸 바라보게 된다. '고가 매도sell high' 함정에 빠진 투자자는 매도한 뒤 주가가 계속 치솟는 걸 목격한다. 따라서 시장에 대한 전통적이며 감정적인 접근법은 상대적인 틀, 즉 절대적 진리에 의지하지 않고 정밀한 주가 분석으로 합리적인 투자결정을 이끌어낼 수 있는 상대적인 틀로 대체되어야 한다. 저가에 매수해서 고가에 팔 수 있다. 하지만 이것도 상대적인 틀에서 가능할 뿐이므로 절대 법칙에 대한 의존도는 최소한으로 줄어들 것이다. 어디가 '고점'인가 하는 것은 트레이딩 밴드trading bands의 상단과 비교함으로써 규정할 수 있고 '저점'은 하단에 의해 규정된다. 또한 이 틀을 개인적인 기호나 위험/보상 기준에 맞게 조정하도록 도와주는 다양한 방법도 제안할 것이다.

제1부는 본 1장에서 전체적인 흐름을 설명하며 시작한다. 2장에서는 분석에 사용할 수 있는 재료에 대해 소개하고, 3장에서는 분석을 위한 적절한 시간 틀을 선택하는 법, 볼린저 밴드의 정확한 길이와 폭을 선택하는 법을 배우게 될 것이다. 조금 철학적인 4장에서는 탁월한 위험/보상 기회를 제공하는 셋업을 포착하는 과정과 '시대를 초월하는 지침'이라는 두 가지 대조적인 접근법을 살펴본다. 5장에서는 이 책에서 읽게 될 개념들을 성공적으로 배치하는 방법을 설명하면서 1부를 마무리하겠다.

제2부에서는 볼린저 밴드에 관한 세부적이고 기술적인 문제들을 다룬다. 트레이딩 밴드의 역사를 기술하는 6장으로 시작하여(제4부 20장에서 트레이딩 밴드를 토대로 한 가장 오래된 매매 시스템을 분석한다) 7장에서는 볼린저 밴드 구축 방법을 설명한다. 8장은 볼린저 밴드에서 유래한 기술적 지표인 %b에 대해 논의한다. %b는 고가, 저가, 변동성을 측정하는 기준인 밴드폭을 결정하는 수식이다. 2부의 마지막 장으로 변동성 사이클을 논하는 9장에서는 볼린저 밴드 개념을 뒷받침하는 학술적 개념과 통계학적 문제들을 검토할 것이다.

도구의 이면에 놓인 세세한 부분에 흥미가 없다면 2부를 건너뛰고 볼린저 밴드 사용법을 설명한 3부로 곧장 넘어가도 좋다. 1, 2부가 닦아놓은 토대 위에 3, 4부가 있지만 따로 읽어도 무방하다.

제3부에서는 기초적인 볼린저 밴드 활용법을 설명한다. 3부를 여는 10, 11장에서는 패턴을 식별하는 데 필요한 기초적인 사항과 아서 메릴의 M형 패턴과 W형 패턴 범주를 소개한다. 그리고 12, 13장은 볼린저 밴드의 활용법을 설명하고 가장 널리 쓰이는 트레이딩 패턴을 상세히 논한다. 12장은 W형 바닥, 13장은 M형 천정을 다룰 것이다. 다음으로 14장은 가장 난해한 단계인 '밴드 타기walking the bands'를 다룬다. 마지막으로 15, 16장에서는 변동성을 설명할 것이다. 15장은 주식과 채권시장의 예를 들어 '스퀴즈squeeze'를 설명한다. 16장에서는 볼린저 밴드의 활용법을 보여주는 간단한 세 가지 매매기법 중 첫 번째 기법으로, 스퀴즈를 토대로 한 '변동성-돌파 시스템volatility-breakout system'을 제시하겠다.

제4부는 복합적인 분석에 지표를 추가했다. 합리적인 의사결정의 틀 속에서 밴드와 지표를 결합하는 데 중점을 두고 있다. 17장은 지표와 밴드의 결합에 관해 전반적으로 설명할 것이다. 이어서 18장에서는 거래량 지표와 볼린저 밴드를 함께 활용할 수 있는 최적의 지표들을 설명한다. 19, 20장에서는 주가 움직임과 지표를 결합해 %b와 거래량 오실레이터를 사용하는 두 가지 매매기법을 집중적으로 소개한다. 하나는 추세를 따르는 시스템이며 하나는 고점과 저점을 짚어내는 시스템이 될 것이다.

특히 3, 4부에서 제시하는 세 가지 매매기법의 본질은 예측이다. 기법 Ⅰ은 낮은 변동성을 이용해 높은 변동성을 예측한다. 기법 Ⅱ는 강세를 확인해 상승추세의 시작을 예견하거나 약세를 확인해 하락추세의 시작을 예견한다. 기법 Ⅲ은 두 가지 방식, 즉 일련의 상단 밴드 태그upper band tag*에 수반되는 약세 지표와 일련의 하단 밴드 태그lower band tag**에 수반되는 강세 지표를 살펴 반전을 예측한다. 기법 Ⅲ은 또한 긍정적인 거래량 지표를 수반하는 하단 밴드 태그, 혹은 부정적인 거래량 지표를 수반하는 상단 밴드 태그 등 보다 드라마틱한 비확증*** 태그를 찾아낸다.

---

* 주가가 상단 볼린저 밴드를 건드리는 것-옮긴이
** 주가가 하단 볼린저 밴드를 건드리는 것-옮긴이
*** 여타 지표가 주가 움직임과 상서로 호응하면 확증(confirmed), 호응하지 않거나 괴리를 보이면 비확증(nonconfirmed) 또는 미확증(unconfirmed)이라 구분한다. -옮긴이

제5부는 볼린저 밴드와 지표 표준화(21장), 데이 트레이더를 위한 기법(22장) 등 심층 주제를 다룬다. 갈수록 데이 트레이더들이 볼린저 밴드를 더 많이 활용하고 있다는 점을 감안할 때 중요한 장이 될 것이다. 제6부는 기본적인 규칙을 나열하고 볼린저 밴드와 관련된 주요 쟁점들을 요약하면서 마무리하고자 한다.

제6부 뒤에는 부록이 이어진다. 중요한 관련 정보지만 글의 흐름을 방해할 수도 있는 내용들은 미주에 담아놓았다. 중요한 내용이 많으니 꼭 읽어보기 바란다. 미주에는 이 책에서 언급된 참고 문헌도 열거해놓았다.

이제 전문용어에 대해 얘기해보자. 있어도 골치, 없어도 골치인 것이 전문용어다. 몇 해 전 금융에 대해선 까막눈인 사람이 FNN의 신임 이사로 왔는데, 그에게 프리젠테이션을 하는 자리에서는 전문용어를 쓸 때마다 이야기를 중단하고 용어를 설명해야 했다. 이 책에도 전문용어가 사용되지만 글의 흐름을 중단할 필요는 없었다. 책에서는 '용어풀이'를 따로 마련해 전문용어를 쉽게 풀어놓을 수 있잖은가. 나는 우선 전문용어를 최소한으로 줄였고 그다음에는 용어풀이를 만드는 데 많은 공을 들였다. 만약 글 속에 설명되지 않은 낯선 용어가 있거나 사용법이 낯선 전문용어가 있다면 용어풀이를 참고하라. 대체로 그에 대한 설명을 찾을 수 있을 것이다. 용어풀이의 용도는 또 있다. 많은 경우 투자용어는 제대로 정의된 것이 없어서 한 가지 용어가 한 가지 이상의 의미를 갖기도 한다. 용어풀이에는 이 책에서 각 용어가 어떤 의미로 사용되었는지 설명되어 있다.

책의 끝머리에 있는 '참고문헌'은 주제와 밀접한 도서를 추천하는 장에 가깝다. 이 책을 학문적으로 뒷받침하거나 검증하는 문헌이 아니라 당장 독자들이 참고할 수 있는 유용한 도서들을 선정했다.

편리하게 참고할 수 있도록 패턴 카드도 따로 정리해놓았다. 책 맨 마지막에 볼린저 밴드의 기본 규칙과 가장 중요한 공식들, 그리고 M형 패턴과 W형 패턴을 정리했다. 자를 대고 떼어내거나 복사하여 시장을 분석할 때마다 언제든지 참고할 수 있도록 컴퓨터 옆에 두라.

마지막으로 이 책과 관련된 웹사이트인 http://www.Bollingeron BollingerBands.com을 소개한다. 웹사이트에는 본서에 제시된 세 가지 기법에 맞는 종목을 매일 업데이트하며 책에 제시된 각각의 기준을 토대로 수많은 종목을 검색할 수 있는 검색 페이지도 제공한다. 차트를 만들어주는 차팅 서비스, 볼린저 밴드에 관한 쟁점과 생각을 나눌 수 있는 소모임, 다른 사이트로 연결되는 링크도 제공된다.

이 책을 다 읽고 나면 투자와 트레이딩을 평가할 수 있는 일련의 도구와 기법을 자유자재로 다루게 될 것이다. 이러한 접근법으로 투자와 트레이딩을 할 때 일어나는 감정을 상당 부분 제거할 수 있으며 따라서 투자자 혹은 트레이더로서 당신의 숨겨져 있던 능력이 십분 발휘될 것이다.

PART 02

분석에 사용되는 데이터

시장을 기술적으로 분석하는 사람들이 주로 참고하는 데이터는 주가price와 거래량volume이다. 이 두 가지 외에는 이렇다 할 데이터가 없어 상대적으로 데이터 량이 적은 편이다. 데이터는 일일 고가, 주간 저가, 시간별 거래량 등의 방식으로 취사선택할 수 있는데 대체로 날짜(시간), 시가, 고가, 저가, 종가, 거래량의 형태로 제시된다(표 2.1 참고). 가장 많이 참고하는 데이터는 종가이고 그다음으로 고가와 저가, 거래량 데이터를 많이 참고하며 마지막으로 가장 적게 참고하는 데이터는 시가다.

1972년 6월 다우존스는 종목 목록을 늘리려고 《월스트리트 저널》에서 시가를 없애버렸는데 그 후로 다시는 시가를 표기하지 않았다. 따라서 여러 세대가 시가를 전혀 접하지 못한 채 성장했다. 다행히 전자식 데이터 배포 방식이 발전하면서 오랜 세월 무시당했던 시가가 미국에서 다시금 널리 활용되고 있다.

표 2.1 IBM 주가표

일자	시가	고가	저가	종가	거래량
2001-01-19	107.50	113.9375	107.25	111.25	14,762,200
2001-01-18	104.375	110	103.50	108.3125	25,244,900
2001-01-17	95.375	97.75	94.3125	96.6875	9,727,000
2001-01-16	93.75	94	91.8125	92.75	5,671,900
2001-01-12	93.6875	96.4375	92.375	93.8125	6,448,000
2001-01-11	92.9375	94.25	91.25	93.6875	9,635,000
2001-01-10	92.50	94.9375	91.6875	93.4375	7,656,100

자료 : www.yahoo.com

이런 기본적인 데이터들을 다양한 방식으로 결합해 트레이더와 투자자가 흔히 사용하는 차트를 만든다. 중요한 차트는 라인 차트line chart, 바 차트bar chart, 캔들스틱 차트candlestick chart, P&F 차트point and figure chart 등 네 가지다. 라인 차트는 가장 단순한 차트로 주가 움직임을 하나의 선으로 표시한다. 바 차트는 서구에서 쓰는 차트로 대개 시가나 거래량은 표시하지 않는다. 일본에서 유래한 캔들스틱 차트는 지금 서구에서 급속히 수용되고 있으며, P&F 차트는 시간 개념을 배제하고 주가의 상승과 하락, 주가 반전만을 중심으로 단순화한 것으로 아마도 가장 오래된 서구의 차팅 기법일 것이다.

10분, 시간, 일간, 주간 등 어떤 기간으로도 차트를 만들 수 있다. 예전에는 일간, 주간, 월간 차트가 주를 이루었다. 1980년대 들어와서는 시간, 일간, 주간 차트가 유행했고 점점 시간대가 짧아지는 추세다. 5분 이하 단위로 거래상황을 보여주는 틱 차트tick chart*도 널리 이용되고 있다.

대개 차트의 세로축인 y축에는 주가, 가로축인 x축에는 시간을 표시한다. 그러나 예외는 있다. 에드윈 S. 퀸Edwin S. Quinn이 발명하고 리처드 암스Richard Arms가 대중화시킨 이큐볼륨EquiVolume 차트는 x축에 거래량을 표시한다.

---

* 초단기 주식 거래에 이용되는 그래프로 거래가 발생할 때마다 주가 움직임을 표시한다. ─옮긴이

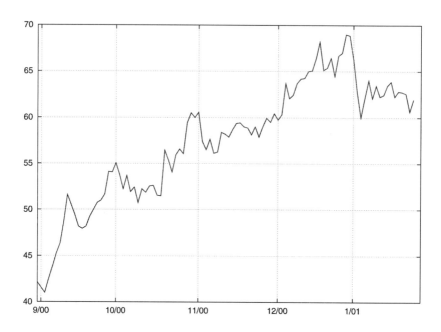

그림 2.1 라인 차트

프레디 맥. 100일. 세부 사항은 표시되지 않는다.

라인 차트는 점을 연결해 선을 그리는 방식으로 종가를 연결해 주가 움직임을 단순화시켜 보여준다. [1] 많은 양의 데이터를 표시해야 하는 데 바 차트나 캔들스틱 차트로는 너무 어수선해 명료하게 표시하고자 할 때 이용된다. 또한 일간 등락주선ADL; advance-decline line*이나 그림 2.1처럼 하루에 단 한 번 지수를 계산해 각 기간별로 하나의 데이터만 산출할 때 역시 라인 차트를 이용한다.

---

* 주가가 상승한 종목 수와 하락한 종목 수를 집계하여 상승 종목 수는 가산하고 하락 종목 수 는 차감해 전체적인 추세를 판단한다. ―옮긴이

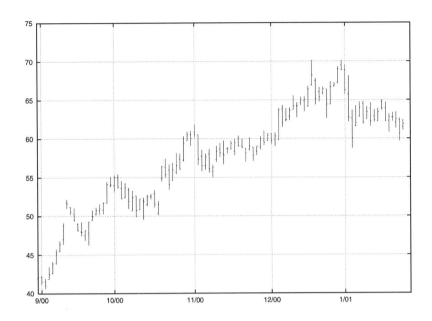

그림 2.2 바 차트

프레디 맥, 100일. 주가의 움직임을 보다 분명하게 알 수 있다.

그림 2.2는 전형적인 바 차트로 세로선의 위아래가 고가와 저가를

나타낸다. 왼쪽에 잔가지처럼 튀어나온 짧은 가로선으로 시가를 표시

하고 오른쪽에 잔가지처럼 튀어나온 짧은 가로선으로 종가를 표시한

다. 거래량을 포함시킬 때는 대개 아래쪽에 별도의 스케일로 된 클립

을 히스토그램 형식으로 추가한다. 히스토그램은 0점을 바닥으로 바

를 올려 그린다. 거래량을 나타내는 각 바^{bar}는 바로 위에 있는 주가

바가 나타내는 기간 동안의 거래량을 기록한다. (대개 거래량 마지막 두

세 자리 수는 생략한다.)

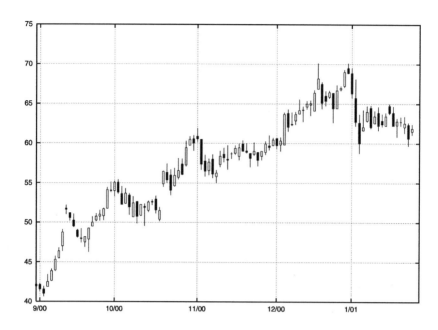

그림 2.3 캔들스틱 차트

프레디 맥, 100일. 데이터로서 시가와 종가의 관계는 중요하다. 이 차트에서는 시가와 종가의
관계가 분명히 나타난다.

일본식 캔들스틱 차트는 바 차트보다 시가와 종가를 크게 강조한다.
시가와 종가를 세로로 길쭉한 박스로 그리는데 이것이 캔들스틱의 몸
통이 된다. 종가가 시가보다 낮으면 음봉, 종가가 시가보다 높으면 박
스가 비어 있는 양봉으로 표시한다. 그림 2.3처럼 일중 고가와 저가가
몸통을 벗어나면 박스의 위와 아래에 가는 선(그림자)을 그려 일중 고
가와 저가를 표시한다. 나는 오랫동안 캔들스틱 차트를 활용해왔다.
내가 보기엔 캔들스틱 차트가 더 선명한 그림이어서 바 차트보다 선호
하고 있다.

그림 2.4 볼린저 바

프레디 맥. 90일. 캔들스틱 차트에 서구식 바가 결합된 차트.

볼린저 바Bollinger Bar(그림 2.4)는 바 차트와 캔들스틱 차트의 장점을
결합하려는 시도에서 탄생했다. 종가가 시가보다 낮으면 시가와 종
가 사이의 바 부분을 붉은색으로 칠하고 종가가 더 높으면 초록색으
로 칠한다. 바의 나머지 부분*은 파란색으로 칠한다. 이렇게 하면 캔
들스틱처럼 여분의 공간을 차지하지 않고도 중요한 관계인 시가와 종
가의 관계를 강조할 수 있다는 장점이 있다.

---

* 시가와 종가 구간 밖에 고가나 저가가 있는 경우—옮긴이

http://www.EquityTrader.com에서 실시간으로 볼린저 바가 그려지는 모습을 관찰할 수 있다.*

P&F 차트(그림 2.5)는 주가 움직임의 핵심만을 축약해 주가가 강세일 때는 ×자 기둥을 그리고 주가가 하락할 때는 O자 기둥을 그린다. 시간은 표시하지 않는다.[2] 이 차트는 일정한 크기의 칸과 반전 규칙을 조합해 주가 동향을 보여준다. 11장 5점 패턴에서 이 차트에 대해 상세히 설명해두었다.

---

* 그림 2.4는 흑백 차트여서 분별이 잘 안 되지만 10월 4일과 5일의 바를 통해 구별할 수 있다. 10월 4일의 경우 아랫 부분이 초록색으로 시가보다 종가가 낮았다는 뜻이며, 보다 짙은 상단 부분은 파란색으로 위 그림자를 나타낸다. 5일의 경우는 옅은 부분이 붉은색으로 시가가 종가보다 높았다는 뜻이며 역시 위 그림자를 달고 있다. 위와 아래에 그림자가 생긴 경우는 12월 4일의 예를 보면 된다. ─옮긴이

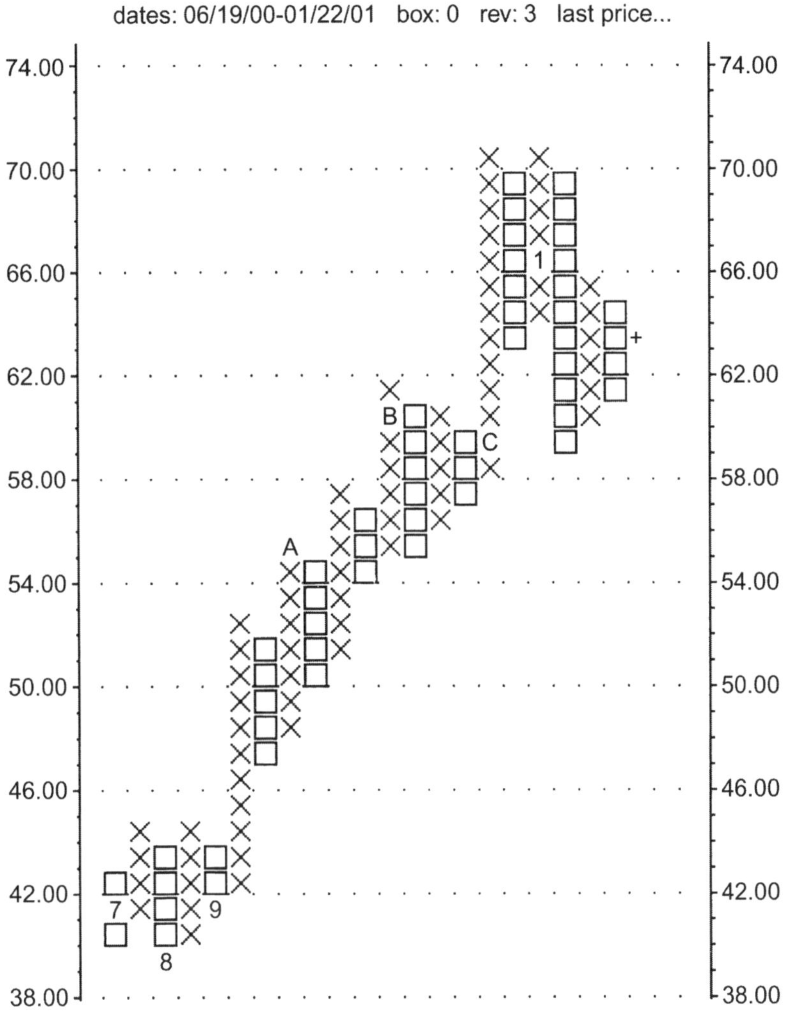

그림 2.5 P&F 차트

프레디 맥, 120일. 다른 요소 없이 주가 움직임만 표시된다.

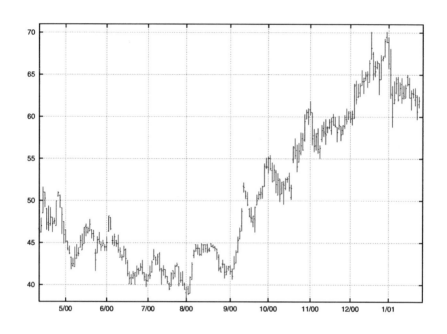

그림 2.6 바 차트

프레디 맥, 200일. 주가 수준에 상관없이 차트 위의 각 포인트가 같은 거리를 차지한다.

주가를 나타내는 축을 나누는 기법은 크게 두 가지다. 지금까지 가장 널리 통용된 기법은 주가 축의 칸을 균등하게 나누고 각 칸이 동일한 주가 지수의 양을 표시하는 산술적 스케일링 기법이다(그림 2.6). 그러나 로그 스케일log scale(그림 2.7)을 사용하면 훨씬 많은 정보를 담을 수 있다. 비율 혹은 세미로그 스케일링semilog scaling이라고도 부르는 이 시스템은 주가 축 위의 지점에서 균등한 거리는 동일한 수치의 변동이 아니라 동일한 비율의 변동을 가리킨다. 따라서 차트 위쪽으로 갈수록 동일한 가격을 나타내는 칸이 아래쪽보다 좁아진다.

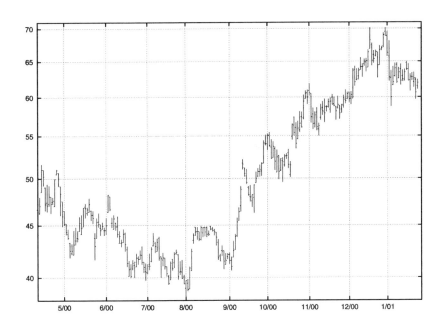

그림 2.7 바 차트(로그 스케일)

프레디 맥, 200일. 차트 위의 동일 거리는 동일 비율을 나타낸다.

예를 들어 50과 51의 거리보다 90과 91의 거리가 가깝다. 로그 스케일링의 장점은 주가 수준에 관계없이 위험/보상을 한눈에 정확히 파악할 수 있다는 것이다. 10달러에서 1포인트 움직일 때와 100달러에서 1포인트 움직일 때를 비교해보자. 주가 움직임은 100달러에서 1퍼센트, 10달러에서 10퍼센트 움직였지만 산술적 스케일이라면 동일한 거리를 움직인다. 로그 스케일의 경우 100달러에서 1포인트 움직이면 10에서 1포인트 움직인 거리의 10분의 1만 움직인다. 따라서 차트상의 위치에 관계없이 눈으로 보이는 이익과 손실은 포트폴리오상에서

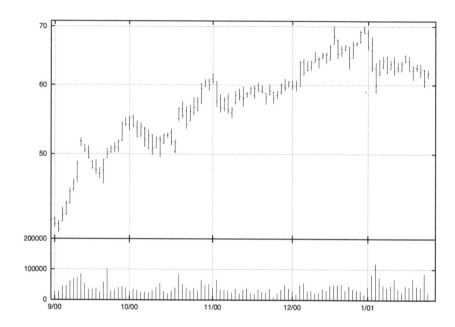

그림 2.8 바 차트(거래량 추가)

프레디 맥, 100일, 거래량을 별도의 클립에 표시하면 중요한 면모가 새로 드러난다.

도 동일한 가치의 이익과 손실이 발생하게 된다. 로그 스케일링을 적
극 추천한다.

　바 차트와 캔들스틱 차트, 산술적 스케일과 로그 스케일을 모두 소
개하는 이유는 각자에게 가장 적합한 차트를 찾게 하려는 것이다. 내
가 선호하는 차트를 먼저 밝히자면 로그 스케일과 볼린저 바이다.

　대개 거래량은 주가 차트 아래쪽에 따로 히스토그램 형식으로 표시
한다. 즉, 바닥의 기준선을 0으로 해서 거래량만큼 막대기를 위로 긋
는다(그림 2.8). 오랜 세월 동안 여기에 가끔 추세선이나 이동평균선을

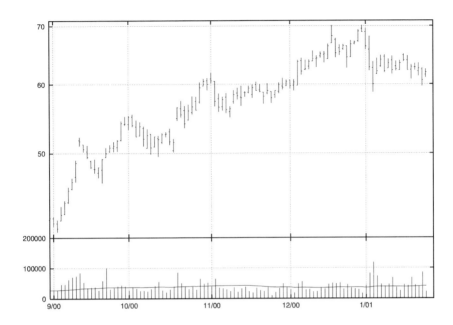

그림 2.9 바 차트(거래량, 거래량 이동평균 추가)

프레디 맥. 100일. 거래량에 이동평균까지 더하면 거래량의 고저를 알 수 있다.

그려 참고할 수 있는 틀을 만드는 게 전부였다. 지금까지는 이 정도로 충분했지만 개선할 여지는 있다.

첫째 거래량 이동평균(대개 50일 평균)은 거래량의 등락을 알 수 있는 일관된 잣대가 된다(그림 2.9). 거래량이 많은지 적은지를 판단하는 것은 특히 M형 패턴과 W형 패턴을 진단할 때 중요한데 여기에는 상대적 기준이 필요하다(M형 패턴과 W형 패턴에 대해서는 제3부에서 설명). 이를테면 대개 W형 바닥의 왼쪽이 W형 바닥의 오른쪽보다 거래량이 많다.

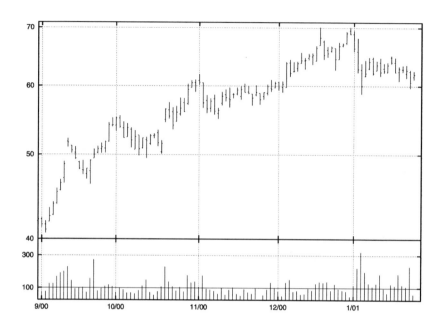

그림 2.10 바 차트(표준화한 거래량)

프레디 맥, 100일. 거래량을 이동평균으로 나누면 비교하기가 쉬워진다.

둘째 거래량 평균을 참고하면 도움이 되지만 종목과 종목, 시장과 시장을 비교할 방법이 있을까? 상대적 척도를 만들면 가능하다. 거래량을 50일 이동평균 [3] 으로 나눈 다음 나온 수에 100을 곱해 수평선으로 그리고 이를 기준선으로 삼는다(그림 2.10). 기준선 위에 거래량이 있으면 거래량이 평균보다 높거나 강세이며, 기준선 아래에 거래량이 있으면 거래량이 평균보다 낮거나 약세라 할 수 있다. 이렇게 하면 시장 간 비교뿐 아니라 시간별로도 거래량을 비교할 수 있으므로 거래량이 두 배로 뛰었다, 거래량이 낮다 등등을 판단할 수 있다. 볼린저 밴드가 주가를 상대적으로 비교할 수 있는 틀이라면 50일 평균을 이용해 거래량을 표준화하면 거래량을 측정하는 상대적 틀이 생성된다.

마지막으로 표 2.2는 기술적 분석에 사용되는 그 외 데이터를 정리한 것이다. 중요하긴 하지만 이 책과는 연관성이 없다. 이 책에서 중요한 것은 주가, 거래량, 변동성이다.

표 2.2 기술적 분석가가 활용하는 미가공 데이터

- 심리 설문조사, 옵션거래 지표, 선물 프리미엄 등 심리적 지표
- 상대강도를 S&P 및 모멘텀 순위와 비교
- 관련 종목 간의 관계를 설명하는 시장 간 데이터
- 매수호가 및 매도호가, 각 거래의 거래량, 거래가 이루어진 거래소 등 거래 관련 데이터
- 업종군과 섹터를 포함하는 구조적 데이터
- 시가총액이 적은 소형주 대 시가총액이 큰 대형주 같은 기업 규모 데이터
- 내재 변동성
- 성장주 대 가치주 등 평가 범주

- 기본 데이터는 시가, 고가, 저가, 종가, 거래량이다.

- 시가를 간과하지 말라.

- 네 가지 차트 유형은 라인 차트, 바 차트, P&F 차트, 캔들스틱 차트다.

- 볼린저 바는 바와 캔들스틱을 결합한 것이다.

- 로그 스케일링이 중요하다.

- 거래량을 표준화하라.

PART 03

투자와 트레이딩의 기간, 시간 틀

이 책에는 단기, 중기, 장기라는 세 가지 시간 틀time frame이 사용된다. 낯익은 용어지만 각자의 트레이딩 성향이나 기질에 따라 용어가 갖는 의미는 달라진다. 투자자에 따라 다른 의미를 갖는 한편으로 심리적 관점에서는 유사한 의미를 가질 수도 있다. 투자자는 각자 이 용어에 자신만의 지평을 부여하며 시간 틀에 따라 다양한 작업과 기능을 구성하고 계획한다. 따라서 한 투자자에게는 '장기'가 1년을 의미하지만 어떤 투자자에게 '장기'는 오버나잇을 의미할 수도 있다.

1970년대 후반까지 '단기'는 일간 차트, '중기'는 주간 차트, '장기'는 월간 혹은 분기 차트를 의미했다. 일간, 주간, 월간 차트라고 부르기는 했지만 일간, 주간, 월간이 실제로 가리키는 것은 차트가 아니라 차트에 그린 바의 유형이었다. 따라서 정확히 말하면 단기 차트는 일간 바bar를 사용하는 차트를 의미한다.

그러다가 1980년대 초반에 이르러 변화의 속도가 빨라지기 시작했다. 캔자스시티상품거래소KCBT; Kansas City Board of Trade의 밸류라인선물ValueLine futures이 탄생하면서 주가지수선물 거래가 도입된 것이 전환점이었다. 이를 계기로 단기는 시간 차트, 중기는 일간 차트, 장기는 주간 혹은 월간 차트를 의미하게 되었다. 그 후로도 몇 년 사이 시간 틀은 점점 짧아졌다. 표 3.1은 시간 틀의 조합을 보여준다. 그러나 어떤 시간 틀이든 밑바닥에 깔린 개념은 거의 동일하다.

표 3.1 시간 틀 조합

장기	중기	단기
연	분기	주
분기	월	주
월	주	일
주	일	시간
일	시간	10분
시간	10분	틱

이를테면 장기는 배경을 분석하는 시간 틀로 투자의 포괄적인 전망과 큰 획을 결정하는 환경이다. 장기 지평을 가진 투자자에게는 자금 흐름, 기업가치 평가 자료, 규제 환경 등 금융과 재정정책이 중요하다. 더 단기적 안목으로 보는 투자자에게는 200일 평균이나 수익률곡선 yield curve의 방향이 중요한 요소다.

중기는 종목을 분석하는 시간 틀이다. 업종별 경기순환이 일어나는 시간 틀로 종목을 선별하는 데 사용된다. 여기서는 브로드마켓broad market*의 통계가 중요하다. 장기 투자자라면 등락, 신고점과 신저점, 섹터별 경기순환, 상대강도 추세, 분기별 공급 및 수요 같은 브로드마켓 데이터를 고려할 것이다. 단기 투자자는 밀집consolidation, 전환점, 산업별 추세변동을 살펴볼 것이다.

단기는 트레이딩을 실행하는 기간으로 주문을 내거나 최적 조건에서 전략을 실행하는 시간 틀이다. 이 영역에서는 단기 기술적 지표, 주가 패턴, 변동성의 변화, 시장의 트레이딩 데이터 등을 분석한다.

각 시간 틀마다 고유의 과업이 있으며 투자자마다 과업과 과업을 완수하기 위한 도구가 다르다. 가장 중요한 것은 각 시간 틀의 과업을 분리하고 명확히 구분하는 것이다. 이 규칙을 어기는 가장 흔한 예는 트레이딩을 실행한 뒤에도 계속 단기 차트를 들여다보는 것이다! 일단 진입을 하고 나면 트레이딩을 유지하는 중기 툴에 집중해야 한다. 수

---

* 거래량이 많고 거래가 활발한 시장─옮긴이

익을 실현하거나 더 큰 손실을 피하기 위해 청산이 요구될 때만 단기 툴로 돌아가 결행해야 한다.

사실 시간 틀을 혼용하면서 과업의 경계를 흐리게 만들면 투자는 더 꼬이게 된다. 의사결정 과정에 혼란이 생기고 명료한 사고를 방해하기 때문이다. 정말 중요한 결정이 눈앞에 닥치면 종종 규칙을 내던지고 분석도구를 규칙에 맞지 않는 엉뚱한 방식으로 쓰고 싶은 유혹이 커진다. 이렇게 하면 정보가 추가될 수는 있겠지만 문제는 정보의 신뢰도가 떨어진다는 것이다. 새로 추가된 정보는 마치 미꾸라지 한 마리가 흙탕물을 일으키듯 눈앞에 닥친 과제에 상충되는 정보로 혼란을 유도한다. 분석이라는 측면에서 보면 이와 같은 발상은 중대한 영향을 미친다.

그런데 볼린저 밴드는 장기, 중기, 단기의 세 가지 시간 틀에 모두 활용할 수 있다. 볼린저 밴드의 스케일은 각 바가 표시하는 기간과 연산에 사용할 바의 개수를 선택하고, 밴드폭을 결정하는 세 가지 방식에 따라 설정할 수 있다.

볼린저 밴드의 기본은 중기 시간 틀과 맞는 바 차트여야 하고 연산을 위한 기본 시간 틀은 중기 추세를 가장 잘 '설명하는' 이동평균이어야 한다. 그리고 밴드폭은 평균 산출기간의 장단長短과 상관관계에 있다. 내가 운영하는 곳에서는 일간 차트, 20일 이동평균, 2 표준편차 밴드를 주로 이용하고 있다.

앞 문단에서 '설명하는'이라는 용어에 주목하라. 매수나 매도 신호로서 최적의 크로스오버crossover*를 보여주는 이동평균을 고르려고 하지 말라. 사실 우리가 원하는 이동평균은 크로스오버 신호로 최대의 수익을 찾는 데 적합한 평균보다 훨씬 길다. 왜 그럴까? 크로스오버에서 신호를 찾지 않고 밴드와 상호작용하여 발생되는 신호를 찾기 때문이다. 우리가 선택하는 이동평균은 주가 움직임을 정밀하게 평가할 수 있는 '상대적 틀relative frame'을 구축하기 위한 토대로 활용된다. 이 이동평균은 크로스오버 신호를 제공하기보다는 지지와 저항을 결정하는 데 더 유용하다.

이동평균의 기간을 정확하게 산정하는 가장 좋은 방법은 반락, 특히 추세의 변화 이후 첫 번째 반락에서 지지선을 제공해주는 평균을 찾는 것이다. 예를 들어보자. 시장이 저점을 찍은 뒤 10일 동안 반등을 보인 다음 5일 동안 되돌림한 뒤, 다시 상승하기 시작해 앞선 10일간 반등의 고점을 돌파함으로써 새로운 상승추세의 탄생을 확증했다고 하자(그림 3.1). 그런데 이동평균 산출기간을 너무 길게 잡으면 지지선을 규명하기에 너무 늦고, 너무 늦게 상승곡선으로 전환해 새로운 추세를 설명할 수 없다(그림 3.2). 반면 산출기간을 너무 짧게 잡으면 이동평균이 세 번 이상 주가 곡선과 만나며 유용한 지지점이나 추세정보를 제공하지 못한다(그림 3.3).

---

* 장기 이동평균과 단기 이동평균 사이의 관계를 통해 주가를 예측하는 기법—옮긴이

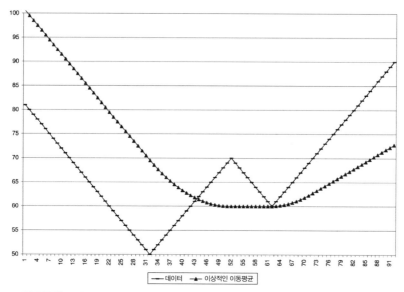

그림 3.1 정확한 이동평균

저점 이후 주가와 이동평균선이 교차하며 첫 번째 되돌림에서 지지선을 보여준다.

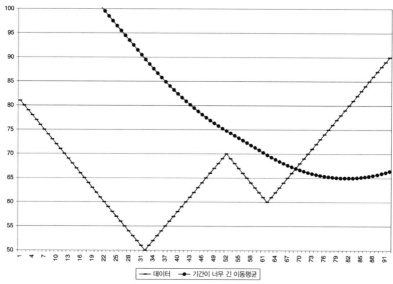

그림 3.2 산출기간이 너무 긴 이동평균선

주가와 이동평균선이 너무 늦게 교차한다.

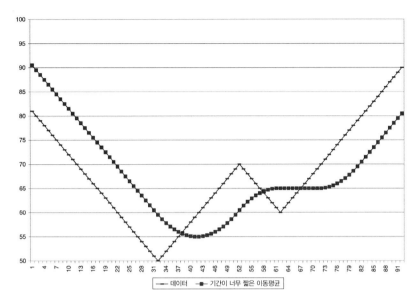

그림 3.3 산출기간이 너무 짧은 이동평균선

주가와 이동평균선이 너무 자주 교차한다.

몇 해 전 연구 결과, 금융 분석은 대개 20일 평균부터 시작하는 게 좋다는 사실이 입증되었다. 볼린저 밴드의 적응력은 이동평균 기간의 선택이 아니라 주로 변동성에서 나온다. 따라서 이 책에서는 중기 추세와 변동성에 관한 정보를 포착하는 데 적합한 이동평균 산출기간을 선택할 것이다. [1]

이동평균 산출기간을 바꾸면 밴드를 그리는 데 활용할 표준편차의 배수도 바꾸어야 한다. 밴드폭 역시 마찬가지다. 대개는 20일 이동평균이 적당하지만 때로는 기간을 늘리거나 줄여야 할 때도 있다. ±2 표준편차의 밴드폭이 출발점으로 무난하지만 변화를 줄 필요가 있다.

어떤 경우 이동평균 산출기간으로 변화를 주기도 하고 어떤 경우 밴드폭을 바꾸어 응용하기도 한다. 표 3.2는 오랫동안 권고되고 트레이더들이 성공적으로 활용해온 일간 차트의 변수들이다.

표 3.2 볼린저 밴드의 밴드폭 산출에 사용되는 전통적 변수

기간	배수
10	1.5
20	2.0
50	2.5

이 책을 쓰기 위해 조사하면서 오늘날 시장에서는 평균 산출기간에 맞춰 밴드를 바꿀 필요성이 점차 사라지고 있다는 것을 알게 되었다. 연구 결과와 오늘날 권고되는 변수는 제2부 7장에 제시해놓았다.

흥미롭게도 볼린저 밴드를 구축하는 원칙은 세월이 오래 흘렀다는 사실이나 시장에 관계없이 견고하게 유지되었다. 최초의 볼린저 밴드 구축 원칙이 계속 효과를 발휘하고 있으며 여전히 탄탄하다는 사실을 보여주는 것이다. 기본적인 변수들이 탄탄하다는 또 하나의 증거는 변수에 조금 변화를 줘도 시스템에 큰 변화가 없다는 사실이다. [2] 이와 같은 사실은 장기간 유효한 시스템을 설계하는 데 아주 중요한 명제라 하겠다.

바[bar] 하나가 하루를 나타내든 10분을 나타내든 별로 중요하지 않은 것 같다. 요즈음 많은 트레이더들이 볼린저 밴드를 사용하는데 아주 짧은 기간의 바를 사용하는 트레이더는 좁은 밴드폭을 이용하는 경향이 있다. 아마도 볼린저 밴드에 기초한 변동성 돌파 시스템의 일환으로 사용하기 때문일 것이다. 이 문제는 데이 트레이딩을 다룬 22장에서 상세히 논의하기로 한다.

키 포인트! 이것만은 기억하자

- 단기, 중기, 장기라는 세 가지 시간 틀이 있다.
- 스스로에게 적합한 시간 틀을 설정하라.
- 시간 틀에 따라 과업을 분리하라.
- 중기 추세를 잘 설명해주는 이동평균을 기본으로 사용하라.

PART 04

시대를 초월하는 지침이
가능할까?

투자자들은 시대를 초월해 한결같이 쓸 수 있는 지침을 갈구한다. 많은 시스템과 제도가 이를 시도하지만 어떤 것도 시대를 초월할 수 있는 영속적인 지침을 제공하지는 못한다. 기본적 분석이나 기술적 분석, 혹은 이 둘을 절충한 시스템, 과거의 유명한 투자 시스템 [1] 중 어떤 것, 혹은 오늘날의 최신 유행 프로그램 모두 마찬가지다. 특정 시스템이 잘 작동하는 시기가 있지만 이 시스템이 제대로 들어맞지 않거나 전혀 작동하지 못하는 시기가 반드시 오고야 만다. 어떤 시스템이 효율적으로 작동하는 시장이 있는가 하면 그 시스템이 제대로 들어맞지

않는 시장도 있다. [2]

시대를 초월한 지침이라는 성배聖杯를 찾느라 가장 많은 시간을 보내는 집단은 아마 뮤추얼펀드 투자자들일 것이다. 이들은 대개 다양한 전환 프로그램을 통해 성배를 구한다. 어떤 프로그램은 단 하나의 펀드를 가지고 스위칭전략(교체매매)을 쓰고 어떤 프로그램은 펀드별 혹은 섹터별로 스위칭전략을 쓴다. 일부 프로그램은 펀드의 포트폴리오 밸런스를 끊임없이 변화시킨다. 어떤 프로그램은 가장 실적이 좋은 펀드를 고르고, 어떤 프로그램은 위험을 줄이거나 제거하면서 꾸준한 수익을 얻는 데 주력한다. 그런데 여기에는 한 가지 공통점이 있다. 투자자들이 시스템을 지속적으로 배치하고 신뢰한다는 것이다.

그러나 마침내 재앙은 닥치고 만다. 피할 수 없는 재앙이다. 시장은 변하고 경제도 변하며 세상도 변한다. 패닉과 탐욕이라는 파도가 시장을 휩쓸고 지나간다. 법률도, 기반시설도 바뀌며 때론 통보도 없이 펀드매니저나 펀드의 목표도 변한다. 사건이 발생하고 훨씬 뒤에야 감지되고 이해되는 미묘한 변화도 있다. 이 변화들은 대다수 시스템의 '시대를 초월한 지침'을 일시적으로 무력화시킨다. 때로는 아주 단기간에 무력화시킬 수도 있다. 변화를 대비해 아무리 많은 실험과 개선을 거친다 해도 이런 현실을 바꿀 순 없다.

그리고 무엇보다 중요한 것은 앞서 말한 이런 것들이 변하지 않는다고 해도 투자자들이 변한다는 사실이다. 오늘은 그럴싸했던 계획이 내일은 약만 바짝 오르는 전혀 엉뚱한 얘기가 되고 헛소리가 된다. 나이를 먹게 되고 수입이 변하며, 필요로 하는 것과 원하는 것이 변한다. 오늘까지 의존해왔던 전략이 내일이면 함정이 된다. 게다가 투자자가 변하지 않아도 상대적인 변화는 일어난다. 경제가 발전하면서 투자자가 살고 일하며 투자하는 환경이 변하기 때문이다.

어떤 시스템, 어떤 프로그램, 어떤 투자 계획도 변화의 맹공을 견뎌낼 순 없다. 아무리 적응력이 뛰어나고 잘 고안된 시스템이라도 마찬가지다. 배런 로스차일드Baron Rothschild는 가장 단순한 시스템인 복리조차 세계 8대 불가사의라고 주장하며 이 접근법조차 신뢰할 수 없다고 단언했다. 세금이 끼어들고 은행이 파산하고 자본이 몰수되고 전쟁이 터지고 정권이 교체되며, 누군가가 구속되고 시위가 일어나고 사회주의 사상이 퍼진다. 매년 발표되는 세계 최고 갑부 명단에는 유산을 상속받은 사람들이 아니라 제 손으로 부를 일군 사람들이 대부분을 차지하는데 이는 우연이 아니다. 재산을 지키는 것보다 일구는 게 훨씬 쉽기 때문이다.

희망이 없다는 얘길 하려는 게 아니다. 요는 시대를 초월한 지침은 실행 가능한 대안이 아니라는 것이다. 실행 가능한 것은 따로따로 분리된 '이산형離散形 지침'뿐이다. 활용할 수 있는 탁월한 위험/보상 지표가 포함된 이산형 지침을 오랫동안 응용할 수 있는 접근법과 연계시키면 목표에 도달할 수 있다. 그런 노력의 일환으로 이 책이 탄생했다.

많은 사람들이 볼린저 밴드 하나만으로도, 혹은 볼린저 밴드와 기술적 지표를 함께 활용하면 영속적인 행동지침이 가능하리라 기대한다. 이들은 차트를 열어 재빨리 한번 훑어보고는 가장 최근의 주가 바가 있는 맨 오른쪽에 눈을 고정시킨다. 그러곤 어떤 행동을 취할지 순간적으로 결정하려고 한다. 만약 이때가 운 좋게도 적당한 셋업이 완성된 지점이라면 성공할 수도 있을 것이다. 하지만 이렇게 무작위적으로 의사결정을 내린다면 감정에 휘둘리게 되므로 결과는 나쁠 가능성이 높다. 결국 수렁에 빠지게 만드는 결함 있는 접근법인 셈이다.

제대로 작동하는 접근법은 탁월한 위험/보상 지표가 있는 개별적 기회를 포착하는 것이다. 이런 기회는 하나의 종목에서 1년에 여러 번 올 수도 있고 한 번도 오지 않을 수도 있다. 우리가 할 일은 그런 기회들이 나타날 때 패턴을 찾고 활용하는 것이다. 즉 기회를 찾아 여러 주식과 펀드, 지표들을 탐색해야 한다. 차트를 보면 어떻게 해야 할지가 분명할 때도 종종 있다. 그러나 그렇지 않은 경우가 더 많다. 미 서부 개척시대, 냄비로 사금을 가려내던 포티 나이너forty-niner들처럼 해야 한다. 금이 있든 없든 끈질기게 냄비를 흔들어야 한다는 건 아니다. 적당한 때와 장소를 찾은 다음 일하러 가야 한다.

이러한 기회를 포착하는 데 도움을 주기 위해 나는 웹사이트 http://www.BollingeronBollingerBands.com을 개설했다. 이 사이트에는 매일 이 책에 제시된 기법에 적합한 종목 리스트가 등재된다. 수많은 종목들 중에서 미리 걸러낸 리스트들이다. 손수 선별 작업을 하고 싶다면 이 책에 나온 모든 기준을 토대로 기회를 찾아낼 수 있는 종목 선별기를 이용하면 된다.

이 책의 주안점은 볼린저 밴드와 지표를 이용해 기회를 포착하는 것이다. 그렇다고 만병통치약을 내놓고 있지는 않다. 이 책이 제시하는 건 툴과 기법이다. 전도서는 이렇게 말한다. "범사에 기한이 있고 천하만사가 다 때가 있나니"(전도서 3:1). 투자도 마찬가지다. 툴과 기법도 각각 때와 활용법이 있다. 신중하고 사려 깊게 배치한다면 목표를 달성하도록 도와줄 것이다. 달성 가능한 목표라면 말이다.

키 포인트! 이것만은 기억하자

- 시대를 초월하는 영속적 지침이란 있을 수 없다.
- 볼린저 밴드는 훌륭한 위험/보상 지표가 있는 셋업을 찾도록 도와준다.
- 기술적 분석과 기본적 분석을 결합해 유리한 고지를 선점하라.
- 툴과 기법에도 모두 활용의 때가 있다.

PART 05

자신만의 방식이
최고의 지침이다

．

　이 책에는 다양한 개념과 규칙이 제시되고 있다. 시간 틀을 진단하고 지표를 권고하며 접근법을 논한다. 어떤 곳에선 상당히 구체적으로 권고하지만 어떤 곳에선 애매할 수도 있는데 내가 가장 강조하고 싶은 바는 성공하려면 자기 식대로 하라는 것이다.

　중장기 수익을 추구하며 단기 변동성에는 관대한 투자자가 있는 반면 조그만 손실만 입어도 참지 못하고 시장에서 빠져나오는 투자자도 있다. 요즈음 모멘텀 투자자momentum investor들 사이에 유행하고 있는 규칙은 7~8퍼센트 손실이 나면 빠져나오라는 것이다. 하지만 이보다 더 어리석은 건 없다. 투자자는 자신이 지켜야 할 규칙을 스스로 결정해야 하기 때문이다. 일부 투자자에겐 8퍼센트 손실제한 규칙이 유용하겠지만 어떤 투자자는 이 규칙으로는 전혀 돈을 못 벌거나 심지어 잃을 수도 있다. 다양한 성향을 가진 투자자들에게 천편일률로 들어맞는 '철칙'은 없다.

투자자들이 기존의 틀을 각자의 필요에 맞게 변형시키는 두 가지 방법을 예로 들어보겠다.

종목 분석을 위해 만든 웹사이트 www.EquityTrader.com에서는 실적주 및 잠재주 등급평가를 제공하고 있다. 실적주 등급평가는 위험 기준에 따라 조정한 평가 기준을 적용하며 최근에 가중치를 둔다. 일일 차트를 기초로 한 중기 예측에 적합하다. 잠재주 등급평가는 기술적 규칙과 펀더멘털 규칙을 모두 활용한 퍼지논리fuzzy logic* 모델로 성격상 기간이 좀 짧아서 투자자보다는 트레이더에게 적합한 툴이다. 사이트 방문자들이 보내오는 의견을 들어보면 다양한 EquityTrader 툴 중 골라서, 때로는 여러 가지 툴을 조합해 독특한 접근법을 만들어 수익을 올린다고 한다. 바로 이렇게 해야 한다.

퓨처스 트루스Futures Truth 사 같은 기업들은 시중에서 판매되는 수많은 트레이딩 시스템의 수익률과 특징을 검증하고 보고한다. 이런 시스템을 구입하는 유저들은 기대한 것과 결과가 다르다는 것을 알게 되

---

* 이분법적 흑백논리에서 벗어나 다치성을 표현하는 논리-옮긴이

며 때로는 그 차이가 엄청날 때도 있다. 옛말에 이런 게 있다. "열 명의 투자자에게 하나의 트레이딩 시스템을 가르친 뒤 1년 뒤에 돌아오라. 그러면 열 개의 시스템이 생겨나 있을 것이다." 여러 이유로 유저들은 시스템을 각자의 필요에 맞게 비틀어놓았을 것이다. 아마도 아주 세게. 따라서 어떤 시스템을 아무리 많은 사람에게 가르친다 해도 그 시스템의 효용이 희석될 염려는 없다고 볼 수 있다. [1]

투자자로 성공하려면 스스로 생각할 수 있어야 한다. 각자 다양한 목표와 위험/보상 기준을 가지고 있는 독특한 개인이기 때문이다. 또한 투자자는 프로그램을 만들 때 수익성도 고려해야 하지만 무엇보다 실행 가능하도록 만들어야 한다. 아무리 수익성이 좋은 시스템이라도 지킬 수 없으면 소용이 없기 때문이다. 투자에 관한 보편적 진리에 가까운 진리가 있다면 각자에게 맞는 '맞춤 접근법'만이 성공할 가능성이 조금이라도 있다는 것이다.

자주적 자세와 독립적인 사고가 열쇠다. 군중을 쫓아가며 부화뇌동하거나 군중이 시키는 대로 하는 게 뱃속이 편하기는 하다. 그러나 그런 길은 지뢰밭이기 십상이다. 로버트 프로스트의 시 〈가지 않은 길 The Road not Taken〉을 감상해보자.

노란 숲 속에 길이 두 갈래로 갈라졌네.

두 길을 다 가지 못해 아쉬웠지.

오랫동안 서서

덤불 사이로 한 길이 굽어 내려간 곳을

눈길 닿는 데까지 멀리 바라보았네.

그리고 다른 길을 택했네. 그 길 또한 아름다웠으니.

풀이 더 무성하고 사람이 걸어간 발자취가 적어

그 길로 가야 한다고 생각했는지도 모르겠네.

내가 그 길을 걸어가면 결국 그 길도 비슷해지겠지만.

그날 아침 두 길엔

낙엽을 밟은 자취가 없었다네.

아, 나는 다음 날을 기약하며 처음 길은 남겨두었다네.

길은 길과 맞닿아 끝없이 이어지니

내가 여기로 돌아올 수 있을지 알 수 없네.

먼 훗날 어디선가

한숨 쉬며 이야기하겠지.

숲 속에 두 갈래 길이 있었다고,

나는 사람이 적게 간 길을 택했노라고,

그리고 그것 때문에 모든 것이 달라졌다고.

다녀간 사람이 적어서 스스로 길을 내고 관리하며 지나간 길은 자신만의 길이다. 내가 다른 사람의 길을 가서 성공할 수 없듯이 다른 사람이 나의 길을 갈 수도 없다. 내가 타인의 비전과 감성, 관심사를 함께할 수 없듯이 타인 역시 마찬가지다. 투자에서는 자신이 만든 시스템이 바로 성배다. 다른 성배는 없다.

키 포인트! 이것만은 기억하자

- 스스로 생각하라.
- 자신의 위험 허용도를 알라.
- 자신의 목표를 알라.
- 자신의 길을 가라.
- 원칙을 고수하라.

볼린저 밴드의 기초

● ● 제2부는 볼린저 밴드의 기초를 설명하고 있다. 6, 7, 8장은 트레이딩 밴드와 엔벌로프의 역사를 살펴보고 볼린저 밴드 구축, 볼린저 밴드와 트레이딩 밴드, 그리고 엔벌로프에서 도출된 지표들을 고찰한다. 마지막으로 9장에서 데우스 엑스 마키나('기계장치로 온 신'이라는 뜻의 라틴어. 고대 그리스와 로마 연극에서 줄거리를 풀어나가고 해결하기 위해 신이 때맞춰 나타나는 것—옮긴이)에 관심 있는 독자들을 위해 통계학을 살펴본다.

PART 06

트레이딩 밴드와
엔벌로프, 채널의 역사

트레이딩 밴드, 엔벌로프, 채널의 역사는 길고도 흥미롭다. 여기서
는 기능과 개념의 기원을 이해할 수 있도록 중요한 대목만 짚고 넘어
가도록 하겠다. [1]

각 용어들의 정의부터 살펴보자. 트레이딩 밴드는 중간의 추세를 중
심으로 추세 위아래로 띠(밴드)를 설정한 것이다. 이를테면 이동평균
이 비율에 따라 상하로 움직이며 띠를 만드는 식이다. 밴드는 반드시
대칭형이 되지는 않지만 중심점과 상관관계를 맺고 있다.

이에 비해 엔벌로프는 주가를 중심으로 구축된다. 이를테면 고점들

의 이동평균 위와 저점들의 이동평균 아래로 띠를 설정한다. 엔벌로프
는 대칭형이 될 수도 있지만 대체로 비대칭이며 중심점과 상관관계가
없다.

그리고 채널은 주가 주위에 나란히 그은 선들로 특정 시점에서는 주
가와 만나게 된다.

이런 개념을 처음 언급한 것은 1960년 트윈―라인 차트Twin-Line
Chart(그림 6.1)의 저작권을 등록한 월프리드 르두Wilfrid LeDoux였다. 트
윈―라인 차트는 단순하고 명쾌한 접근법으로 월별 고가는 검은 선으
로 잇고 월별 저가는 붉은 선으로 잇는다.

르두는 1918년 증권에 손을 댔다가 1921년 완전히 망하는 불운을
겪자 연구를 시작했다. 그가 도입한 첫 번째 툴은 1930년경 디텍토그
래프Detectograph라는 로봇ROBOT 차트였다. 이 역시 고점과 저점을 비
교하는 기법이었는데 안타깝게도 그 내용을 자세히 규명하지는 못했
으며 르두가 채널을 도입한 정확한 시기도 알 수 없었다. 1960년 트
윈―라인 차트를 발표하기 전이었다는 것만 알아냈다.

르두의 월간 차트 활용 방식은 아주 놀랍다. 르두의 차트는 분명 당
시 시장을 주름잡았던 장기 투자에 초점을 맞추고 있다. 당시 '과매수
overbought'와 '과매도oversold'라는 단어는 장기 시간 틀에만 적용되는
말로 천정과 바닥, 즉 월간 차트에서 확연히 간파할 수 있는 사건을 지
칭하는 것이었다. 그런데 오늘날에는 가장 짧은 시간 틀에도 이 용어
들이 광범위하게 사용된다는 점은 무척 흥미로운 일이다. 시장은 진화

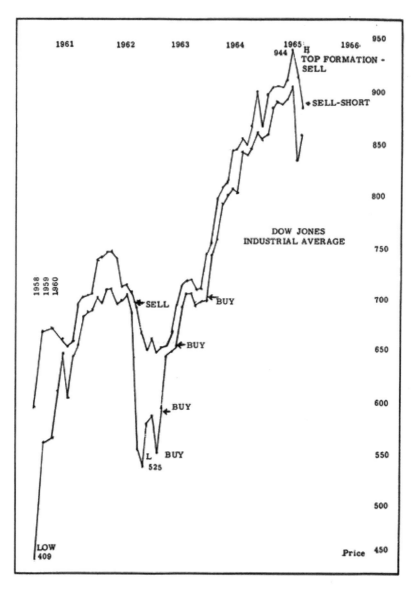

그림 6.1 트윈–라인 차트

트레이딩 엔벌로프의 초기 형태(출처: 『The Encyclopedia of Stock Market Techniques』, New Rochelle, N.Y.: Investors Intelligence, 1985.)

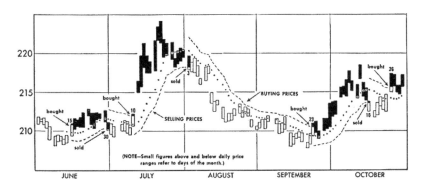

그림 6.2 켈트너의 매수 · 매도선

매수가와 매도가를 결합해 밴드를 만든다. (출처: 『How to Make Money in Commodities』, Chester W. Keltner, Kansas City, Mo.: The Keltner Statistical Service, 1960.)

하는 게 분명하다.

르두가 트윈-라인 기법으로 저작권을 등록할 무렵 체스터 W. 켈트너Chester W. Keltner가 1960년 『상품 거래로 돈 버는 방법How to Make Money in Commodities』에서 10일 이동평균 규칙을 발표하며 앞으로 다가올 기법들을 예견했다(그림 6.2 참고).

켈트너는 먼저 중심가격typical price을 구했다. 중심가격이란 일정 기간의 고가, 저가, 종가를 합한 다음 3으로 나눈 값이다. [2] 그런 다음 이 중심가격의 10일 이동평균을 구해 차트에 그렸다. 그리고 일일 거래 범위(고가-저가)의 10일 평균을 계산했다. 하락추세일 경우 중심가격의 10일 이동평균에 거래범위의 10일 이동평균을 합한 값을 산출해 선으로 그렸다. 이것이 매수선buying line으로 숏 포지션short position을 청산하고 롱 포지션long position으로 전환하는 선이다. 상승추세일 때는 중심가격의 10일 이동평균에서 일일 거래범위의 10일 이동평균을 차감해 매도선을 그렸다. 주가가 매도선 아래로 떨어지면 롱 포지션은 모두 청산하고 숏 포지션으로 전환한다. 표 6.1은 켈트너의 공식을 수식으로 나타낸 것이다.

표 6.1 **켈트너 밴드 공식**

- **켈트너 매수선:**
  10일 중심가격 이동평균 + 10일 거래범위 이동평균

- **켈트너 매도선:**
  10일 중심가격 이동평균 − 10일 거래범위 이동평균

켈트너의 기법은 몇 가지 점에서 매우 중요하다.

첫째, 중심가격을 이용했다는 통찰력이다. 중심가격은 통상 사용되는 주가인 종가보다 트레이딩이 집중적으로 일어나고 있는 주가 지점을 확연히 드러낸다. 여기에 중심가격이 시가를 포함한다면 전장과 후장 사이에 일어난 주가 움직임을 포착할 수 있는 근거가 된다. 요즘에는 시세표가 장중의 중요한 거래 움직임을 모두 표시하지는 않으므로 중심가격은 특히 유용하다. 예를 들어 뉴욕증권거래소NYSE에서 보여주는 한 종목의 시세표에는 장외거래나 시간외거래가 포함되지 않을 수도 있다. 더욱이 해외 시장에서도 중요한 움직임이 일어날 수 있는데 시차 때문에 이런 움직임들이 시세표에 반영되지 않을 수 있다. 이 책에서는 단순명쾌하게 종가를 사용하겠지만 당신은 중심가격을 한 번 적용해보기 바란다.

둘째, 일일 거래범위를 이용해 이동평균과 밴드 사이의 간격을 설정함으로써 한층 적응력이 뛰어난 미래의 기법이 가능함을 예견하고 있다. 일일 거래범위는 우리가 투자 성공에 결정적이라 파악하고 있는 '변동성'을 보여준다.

셋째, 매수선과 매도선을 켈트너처럼 추세에 따라 교차 방식으로 그리지 않고, 두 선을 함께 그려나가면 이후에 유행한 트레이딩 밴드의 모양이 된다(그림 6.3).

1960년대 리처드 돈키언Richard Donchian(1905~1993)이 4주 규칙four-week rule을 이용해 시장이 자동으로 트레이딩 엔벌로프를 설정하도록 하는 단순명쾌한 접근법을 들고 나왔다. 원리는 간단하기 그지없다. 4주 고가가 돌파되면 매수하고 4주 저가가 무너지면 매도한다. 당시 상품 거래와 분석으로 평판이 높았던 던 앤 하짓Don & Hargitt이 이 트레이딩 시스템을 컴퓨터 프로그램으로 만들어 일련의 시험을 거친 결과 시험한 많은 규칙 중 최고로 선정되었다.

4주 규칙은 곧 엔벌로프 형태로 발전한다. 즉, 지난 4주간의 최고점과 최저점에 해당하는 선들을 이어서 엔벌로프를 만드는 것이다. 이처럼 일정 기간n-period의 고점을 상한선, 저점을 하한선으로 설정하는 방법을 오늘날 돈키언 채널Donchian Channel이라고 부르기도 한다(그림 6.4). 오늘날 널리 이용되는 성공적인 트레이딩 기법 중 하나인 터틀

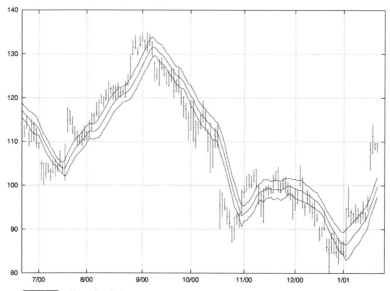

그림 6.3 켈트너 채널

IBM, 150일. 켈트너의 매수 · 매도선을 결합해 트레이딩 밴드를 구축했다.

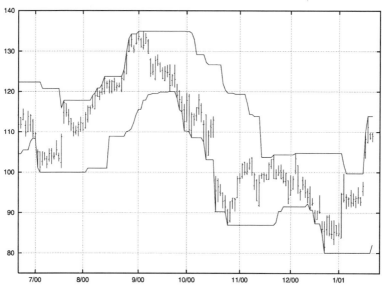

그림 6.4 돈키언 채널

IBM, 150일. 상품 트레이더들이 널리 쓰는 차팅 기법.

기법*의 핵심이 여기에서 유래했다는 견해도 있다. [3]

1966년 제럴딘 와이스Geraldin Weiss가 편집장으로 있는 투자 소식지 《인베스트먼트 퀄리티 트렌드IQT》는 새로운 형태의 엔벌로프인 '밸류에이션 엔벌로프valuation envelope'(그림 6.5)를 창안했다.

IQT는 역사적인 관점에서 배당수익을 토대로 고평가선overvaluation line과 저평가선undervaluation line을 포함한 월별 차트를 제공했다. 전략적으로 설정된 기간 동안 수익의 고점과 저점을 이용하여 당시의 배당을 고평가, 저평가 수준을 예측하는 기준점으로 삼았다. 배당이 늘어나는 종목이면 엔벌로프가 위로 들린 메가폰 모양, 즉 시간이 지날수록 넓어지는 원뿔 모양이 된다. 이것이 우리가 '기술적 분석과 기본적 분석의 이음매'라고 정의한 합리적 분석의 초기 형태였다. 당시 엄밀하게 계량화된 접근법을 시도한 소식지가 거의 없었던 상황에서 와이스는 선구자적인 역할을 해냈다. 컴퓨터가 널리 사용되지 않던 시기에 이런 접근법을 쓰려면 엄청난 노력이 필요했을 것이다.

---

* 1980년대 초반 리처드 데니스가 이끈 트레이더 그룹. 금융시장에 문외한이지만 트레이더가 되기 원하는 지원자들에게 매매원칙을 교육시킨 후 경이적인 수익을 올린 것으로 유명하다. 터틀 멤버가 직접 쓴 유일한 저서로 『터틀의 방식』(이레미디어)이 있다. ―옮긴이

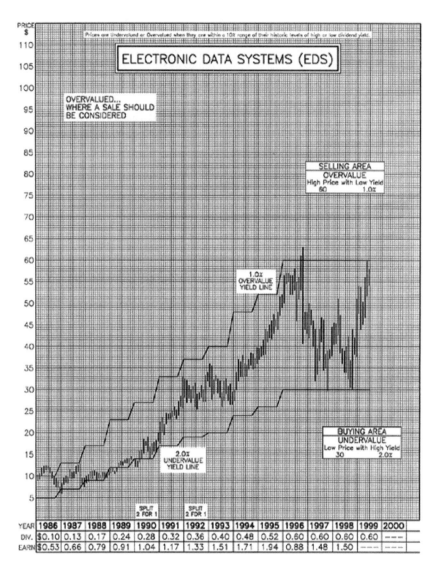

YEAR	1986	1987	1988	1989	1990	1991	1992	1993	1994	1995	1996	1997	1998	1999	2000
DIV.	$0.10	0.13	0.17	0.24	0.28	0.32	0.36	0.40	0.48	0.52	0.60	0.60	0.60	0.60	----
EARN	$0.53	0.66	0.79	0.91	1.04	1.17	1.33	1.51	1.71	1.94	0.88	1.48	1.50	----	----

그림 6.5 밸류에이션 엔벌로프

기본적 분석과 기술적 분석을 결합. (출처: 《Investment Quality Trends》, La Jolla, California.)

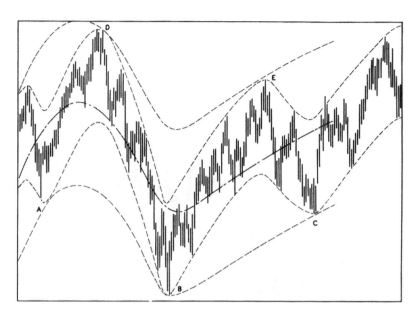

그림 6.6 손으로 그린 엔벌로프

(출처: 『The Profit Magic of Stock Transaction Timing』, J. M. Hurst, 1970, reprinted by Traders Press, Greenville, SC.)

이후 1970년 J. M. 허스트J. M. Hurst가 『주식 거래 타이밍의 마술The Profit Magic of Stock Transaction Timing』이라는 책을 발간하면서 기법은 다시 한 번 장족의 발전을 하게 된다. 사이클에 관심을 가진 허스트는 '연속적으로 폭을 나타내는 곡선 채널'을 활용해 종목의 순환 패턴을 분명히 파악하고자 했다. 허스트의 접근법은 주가 움직임의 사이클을 나타내는 다양한 요소와 관련된 엔벌로프를 손으로 여러 개 그리는 것이었다(그림 6.6 참고). 이때 서로 겹치는 엔벌로프들이 차츰 중요한 분기점과 일치하게 되었다. 그는 저서 후반부에 이 과정을 기계적으로

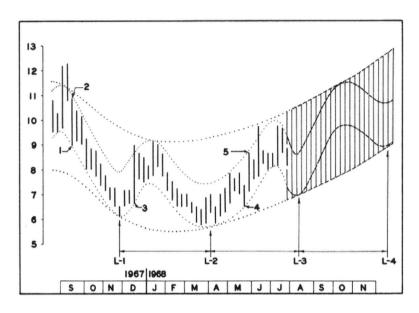

그림 6.7 사이클을 이용해 그린 엔벌로프

(출처: 『The Profit Magic of Stock Transaction Timing』, J. M. Hurst, 1970, reprinted by Traders Press, Greenville, SC.)

만들 수 있는 방법을 제시해두었지만(그림 6.7 참고) 책 중간에 있는 예들은 손으로 그린 것 같다. 이 개념은 당시 기술로는 불가능했을 것으로 추정된다. 이후 허스트의 작업을 체계화하려는 시도가 여러 번 있었지만 성공을 거두지는 못했다. [4]

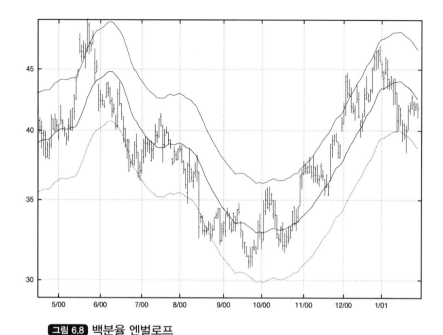

그림 6.8 백분율 엔벌로프

디어앤코, 200일. 가장 최초의 '현대식' 밴드인 백분율 밴드.

트레이딩 밴드가 발전하게 된 과정은 명확하지 않아 누구에게 공을
돌려야 할지 모를 정도다. 아마 몇몇 분석가들이 동시에 비슷한 발상
의 연구에 착수한 것으로 짐작된다. 이 단계에서 도입된 주된 기법은
주가를 나타내는 선 위아래로 이동평균선을 나란히 그려 밴드를 만드
는 것이다(그림 6.8).

시작은 대개 이동평균에 일정한 수를 곱하거나 나누는 것이었다. 예를 들어 표 6.2를 보면 허스트는 그의 책에서 이동평균을 활용하는 방식을 선호했다는 것을 분명히 알 수 있지만 이동평균을 기계적으로 적용시킨다는 생각은 몇 년 뒤, 아마도 1970년대 초반에 나온 것이 아닐까 한다.

표 6.2 백분율 밴드 산출 공식(5퍼센트 밴드)

상단 밴드 = 21일 이동평균 × 1.05
중간 밴드 = 21일 이동평균
하단 밴드 = 21일 이동평균 ÷ 1.05

얼마 못 가서 이 접근법의 문제점이 드러나기 시작했다. 첫째 경험을 토대로 하여 종목별로 밴드폭을 다르게 설정해야 했다. 둘째 그렇게 한다 해도 시간이 지남에 따라 밴드폭을 조정해야 했다. 따라서 비율이나 주가 포인트 밴드는 트레이더가 고점과 저점을 결정하는 데는 유용했지만 사용하기가 어렵고 사용자의 추측이 상당 부분 개입되어야 했다.

1980년대 초, 타이거 소프트웨어Tiger Software의 윌리엄 슈미트William Schmidt가 시장에서 타이밍을 잡는 컴퓨터 블랙박스 시스템인 ⟨Peerless Stock Market Timing⟩을 출시했다. 이 시스템은 다양한 신호를 만들어냈다. 이 시스템이 활용한 것 중 하나는 백분율 밴드(그림 6.9)였는데 백분율 이동평균 밴드 내의 주가 움직임과 지표 움직임

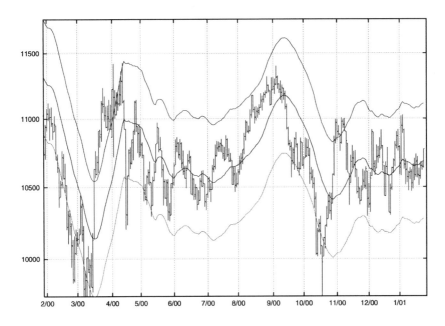

그림 6.9 21일 이동평균과 4퍼센트 밴드

다우존스산업평균 주위로 백분율 밴드를 구축하는 방식. 이를 통해 다양한 마켓 타이밍 시스템이 개발되었다.

을 비교해 신호를 만들어냈다. 일부 신호는 다우존스산업평균과 폭 오실레이터만으로 작동했고 어떤 신호는 거래량 오실레이터로 작동했다. [5] 이 작업은 기술적 분석을 이용해 체계적인 의사결정을 하려는 추세를 반영하고 있었다.

이때까지 밴드와 엔벌로프는 모두 상하 대칭이었다. 그러다가 1980년대 초반 밥 브로건Bob Brogan과 마크 차이킨Marc Chaikin이 적응력이 뛰어난 밴드를 만들었다. 보마르 밴드Bomar Band(Bob의 Bo와 Marc의 Mar을 딴 이름)라는 이름을 붙인 이 밴드는 지난해(과거 250일) 주가 움직임의 85퍼센트를 이용한 것이다(표 6.3 참고).

표 6.3 보마르 밴드 산출 공식

- 상단 밴드 = 과거 250일간의 데이터 중 평균 이상 데이터의 85퍼센트 포함
- 중간 밴드 = 21일 이동평균
- 하단 밴드 = 과거 250일간의 데이터 중 평균 이하 데이터의 85퍼센트 포함

이 업적의 중요성은 아무리 강조해도 지나치지 않다. 강한 상승추세일 때 상단 보마르 밴드는 추세에 따라서 넓어지며 하단 보마르 밴드는 좁아진다. 변동성이 큰 종목의 밴드폭은 넓고 변동성이 적은 종목의 밴드폭은 좁다. 하락추세일 경우 하단 밴드는 확장되고 상단 밴드는 수축된다(그림 6.10). 따라서 보마르 밴드는 밴드가 상하 대칭이어야 한다는 관념을 깨뜨렸을 뿐 아니라 주가 흐름에 맞춰 변해야 한다고 주장한 것이다.

보마르 밴드의 최고 장점이라면 분석자들이 밴드의 적정 값을 어림짐작하지 않아도 된다는 것이다. 이에 따라 컴퓨터가 밴드폭을 설정하도록 놔두고 의사결정에만 집중할 수 있게 되었다. 하지만 안타깝게도 보마르 밴드는 당시로선 과도하게 컴퓨터에 의존한 기법이었고 오늘날에도 인스티넷Instinet*에서만 이용할 수 있다. 대중적으로 널리 이용되지 못한 것도 이 때문이다.

---

* 루터(Reuter)가 운영하는 전문 주식 거래 시스템으로 시간외 거래가 가능한 컴퓨터 네트워크가 구축되어 있다.—옮긴이

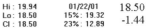

그림 6.10 보마르 밴드

(출처: Instinet's Research and Analytics)

　1970년대 후반에서 1980년대 초반 DYR Associates의 고故 짐 예이츠Jim Yates가 중요한 업적을 남겼는데 옵션시장에서의 변동성 활용에 관한 것이다. 그는 시장의 기대치와 비교해 어떤 종목이 과매수 상태인지 혹은 과매도 상태인지 결정하는 방법을 이끌어냈다. 예이츠는 변동성 기대치가 주식이나 옵션 거래에서 합리적인 의사결정을 내리는 틀을 만들 수 있다는 것을 보여주었다. 이 틀은 여섯 개의 영역Zone, 그리고 각 영역별 옵션 전략으로 구성된다(그림 6.11). 이것이 옵션 전략 스펙트럼Options Strategy Spectrum으로 오늘날에도 유용한 툴이며 그의 아들 빌 예이츠가 관리하고 있다.

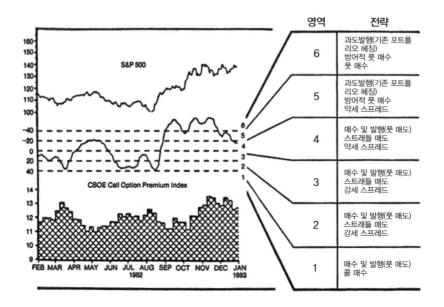

영역	전략
6	과도발행(기존 포트폴리오 헤징) 방어적 풋 매수 풋 매수
5	과도발행(기존 포트폴리오 헤징) 방어적 풋 매수 약세 스프레드
4	매수 및 발행(풋 매도) 스트래들 매도 약세 스프레드
3	매수 및 발행(풋 매도) 스트래들 매도 강세 스프레드
2	매수 및 발행(풋 매도) 스트래들 매도 강세 스프레드
1	매수 및 발행(풋 매도) 콜 매수

그림 6.11 옵션 전략 스펙트럼

(출처: 『The Options Strategy Spectrum』 by James Yates, Homewood, I 11.: Dow Jones-Irwin, 1987.)

짐은 옵션의 변동성을 토대로 영역(밴드)을 만든 다음 이 밴드를 이용해 시장 조건에서 가장 적합한 전략을 결정했다. 짐의 발상은 번뜩이는 통찰력으로 내가 하려는 작업의 상당 부분에서 수고로움을 덜어주었다.

1980년대가 밝아오면서 나는 옵션시장에 활발히 참여했고 그러려면 변동성에 대한 이해가 필수적이었다. 물론 당시엔 안타깝게도 짐 예이츠를 알지 못했다. 나는 기술적 분석, 특히 트레이딩 밴드에도 관심이 있었다. 그러던 중 적절한 밴드폭을 결정하는 열쇠는 변동성이라는 사실을 깨닫게 되었다. 나는 밴드폭을 설정하는 방법의 하나로 변동성을 측정하는 다양한 잣대를 테스트하기 시작했다. 그 결과 표준편차 연산 방법이 최선이라는 것이 점점 확연히 드러났다. 표준편차는 평균에서 얼마나 분산되어 있는지, 즉 평균에서 얼마나 떨어져 있는지를 나타내는 값이기 때문이다. [6]

  처음에 나는 장기 표준편차를 계산해 백분율 밴드를 설정했다. 백분율 밴드의 응용인 셈이다. 그러나 시간이 지나자 이 설정은 재조정이 필요하게 되었다. 그때 떠오른 아이디어가 이동평균을 계산하듯 표준편차도 '이동'으로 계산할 수 있지 않을까 하는 것이었다(그림 6.12 참

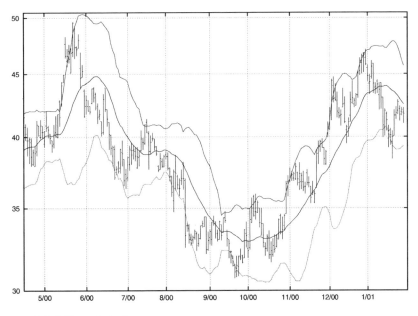

그림 6.12 볼린저 밴드
디어앤코, 200일.

고). 그다음엔 모든 작업이 일사천리로 진행되었다.

볼린저 밴드는 메모리 32킬로바이트짜리 S-100 컴퓨터에서 탄생했다. 운용시스템은 디지털 리서치의 CP/M이었고 프로그래밍 언어는 빌 게이츠의 첫 번째 마이크로소프트 제품인 MBASIC이었다. 테스트는 SuperCalc라는 스프레드시트를 이용했다. 이 모든 작업이 지금은 어디에나 있는 PC가 나오기 전, 그러니까 IBM과 디지털 기기가 지구를 지배하기 전, 스티브 잡스와 워즈니악이 애플 매킨토시를 만들기도 전에 이루어졌다.

볼린저 밴드를 만든 후에도 밴드를 만들려는 시도가 많이 있었지만 볼린저 밴드만큼 유용하며 널리 활동되는 밴드는 없는 것 같다. 물론 내 이름을 딴 밴드가 널리 이용되어서 무척 흐뭇하다. 볼린저 밴드가 급속히 확산된 데에는 FNN을 통해 방송 전파를 탄 것도 한몫했다(나는 1983년부터 1990년까지 FNN의 수석 시장분석가로 일한 바 있다). 볼린저 밴드는 다른 기법이 충족시키지 못한 시장의 필요를 채워주었다는 점에서 시대를 잘 타고난 툴이라고 할 수 있다.

볼린저 밴드라는 명칭의 유래를 설명하자면 이렇다. 나는 특별히 이름을 붙이지 않고 이 밴드를 이용하고 있었다. 그런데 어느 날 생방송에서 차트로 밴드 활용법을 설명하고 있는데 진행자인 빌 그리피스가 느닷없이 명칭을 물었다. 당신도 짐작하셨겠지만 생방송이라 경황이 없어 그냥 '볼린저 밴드'라는 말이 입에서 튀어나왔는데 그때부터 아예 이름으로 굳어진 것이다.

- 밴드는 오랜 역사를 갖고 있다.

- 많은 분석가들이 지대한 공헌을 했다.

- 백분율 밴드가 가장 보편적이다.

- 볼린저 밴드는 1983년에 탄생했다.

- 볼린저 밴드의 핵심은 변동성이다.

PART 07

트레이딩 밴드를
구축하는 방법

트레이딩 밴드 구축법은 꽤 간단하다. 중간에 추세를 나타내는 선을 그은 다음 위아래로 띠, 즉 밴드를 만들면 된다. 문제는 중간의 추세선과 밴드 간격을 어떻게 설정할 것인가이다. 볼린저 밴드는 단순이동평균으로 중간 추세선을 만들고 변동성을 측정하는 이동표준편차로 밴드폭을 설정한다.

여기서 '이동moving'이란 무엇을 의미할까? 바로 각 기간마다 새로 계산된다는 뜻이다. 이동평균선은 각 기간의 값을 앞선 값에 바로 뒤따라 그린다. 20일 평균은 가장 최근 20일 동안을 이용한다. 이튿날이면 가장 오래된 날(그러니까 21일 전)의 데이터를 폐기하고 가장 최근의 데이터를 포함시킨다. 변동성 역시 마찬가지다. 각 기간마다 바로 직전까지의 기간을 누계해 연산한다.

이것이 트레이딩 밴드나 주가 엔벌로프와 어떤 관계가 있을까? 트레이딩 밴드는 대개 평균인 중간 지점을 기준으로 위아래로 구축된다. 엔벌로프는 중간 지점 없이 고점과 저점의 이동평균을 잇거나 허스트 식으로 고점과 저점을 이어 곡선을 그린다.

트레이딩 밴드의 결점은 분명하다. 종목에 따라 백분율 밴드폭을 바꿔야 하며 심지어 같은 종목이라도 시간이 흐르면 밴드폭을 조정해야 한다는 점이다. 마크 차이킨의 보마르 밴드는 21일 이동평균을 움직여 지난해 데이터의 85퍼센트가 포함되도록 밴드폭을 설정한다. 이것이 차이킨의 목적에는 잘 맞았지만 우리의 목적에는 잘 들어맞지 않았다. 우리의 목적에 맞으려면 주가 구조의 움직임을 더욱 역동적으로 나타내야 하는데 보마르 밴드는 너무 먼 과거까지 데이터에 포함시킨다. 그 문제를 해결하고자 보마르 밴드 산출기간을 좁혀서 시험해보았으나 단기 시간 틀로는 연산이 되지 않았다. 마크 차이킨은 시장을 관찰하며 적당한 밴드폭을 구하느라 골머리를 앓았을 것이다. 그러나 정작 필요한 건 적응력이 뛰어난 시스템인데 그 요건을 갖추지 못했다.

내가 주식에 처음 흥미를 갖게 된 계기는 옵션이었다. 전환사채든 신주인수권부사채든 혹은 상장옵션이든 옵션 분석은 모두 한 가지 문제로 귀결됐다. 바로 변동성이었다. 특히 앞으로의 변동성을 측정하

는 게 중요했다. 그런데 이 게임에서는 이기는 열쇠를 손에 넣기는 쉬
워도 쓰기는 어려웠다. 경쟁자보다 변동성을 더 잘 이해해야 하기 때
문이었다. 이처럼 두루두루 변동성이 중요했기 때문에 나는 과거 변동
성, 미래 변동성, 통계학적 방법 등등 다각도로 변동성을 연구했다.

트레이딩 밴드를 이용할수록 변동성을 포함하는 밴드라야 된다는
것이 분명해졌다. 트레이딩 밴드를 설정하는 최선의 방법이 변동성이
라는 것은 확인했지만 여전히 선택해야 할 것이 있었다. 변동성을 측
정하는 잣대가 다양하기 때문이다. 변동성을 측정하는 기준은 일정 기
간의 거래범위와의 함수관계를 따지는 방법, 추세선 주위의 이산을 측
정하는 방법, 기댓값으로부터 어느 정도 분산되어 있는지를 측정하는
방법 등등 열거하려면 끝이 없다. [1] 이렇게 많은 항목 중에서 우선 후
보 일곱 개를 골랐는데 결정 과정 초기부터 적응력이 높은 접근법일수
록 제대로 작동한다는 게 분명해졌다. 검토한 것들 중 적응력이라는
측면에서 표준편차(σ, 시그마)가 가장 두드러졌다.

표준편차를 계산하려면 우선 데이터 세트의 평균을 구한 다음 각 데
이터에서 평균을 차감해야 한다. 이렇게 하면 일련의 마이너스 혹은
플러스 값이 나온다. 이 값이 클수록 평균에서 많이 분산되어 있다는
의미다. 그런 다음 모든 값들을 합한다. 플러스와 마이너스가 상쇄되
므로 모두 합한 값은 제로(0)가 된다. 분산에는 마이너스 부호가 의미
가 없으므로 마이너스 부호를 떼버린다. 이렇게 산출된 값이 평균 절
대편차mean absolute deviation로 이 산출법도 처음엔 고려 대상이었다.

일련의 값을 제곱해도 음수 곱하기 음수는 양수가 되므로 역시 음수가 없어진다. 이것이 표준편차에서 사용되는 방법이다. 마지막 단계는 쉽다. 편차값을 제곱한 다음 평균을 구하고 그 값에 제곱근을 씌운다 (표 7.1). [2]

표 7.1 표준편차의 연산 공식

$$\sigma = \sqrt{\frac{\sum (x_i - \mu)^2}{N}}$$

x = 데이터 포인트
μ = 평균
N = 포인트의 수

편차를 제곱해서 다음 연산 과정으로 나아가는데 여기에는 또 다른 부수적 효과가 있다. 편차값이 확대된다는 것이다. 사실 편차가 클수록 확대되는 정도도 커진다. 여기에 핵심이 있다. 주가가 치솟거나 붕괴하면 평균에서 멀어지는 편차값 역시 커지고 표준편차 연산과정에서 제곱을 하게 되면 더 커져 밴드가 새로운 주가에 효율적으로 적응한다. 그 결과 밴드가 주가를 뒤따라가는 양상을 띠게 된다. 이러한 특징을 과소평가하지 말라. 이것이 패턴을 명확히 하고 고점이 어딘지, 저점이 어딘지 정의하는 데 유용한 '밴드 파워'의 핵심이다.

볼린저 밴드의 기본 설정값은 20일(1개월 동안의 거래일수와 거의 일치한다), ±2 표준편차다. 이후 설명하겠지만 이동평균 산출기간을 줄이면 밴드폭을 설정하는 데 활용하는 표준편차의 값을 줄여야 한다. (혹은 제1부 4장에서 논의한 전통적인 방식으로) 기간을 늘리면 밴드폭도 넓혀야 한다.

이렇게 조정해야 하는 이유는 표준편차 연산과 관계가 있다. 표본 크기가 30 이상이면 ±2 표준편차를 쓸 경우 데이터의 약 95퍼센트가 포함된다. 표본 크기가 30 이하이면 표준편차라는 용어를 쓸 수 없긴 하지만 연산은 충분히 할 수 있고 어쨌든 작동한다. [3] 사실 표본 크기를 열 개까지 계속 줄여나가도 기대하는 만큼에 근접한 양의 데이터가 밴드 안에 포함된다. 하지만 연산기간이 짧아지면 데이터 포함비율이 변하므로 이를 일정하게 유지하려면 밴드폭 변수를 바꾸어야 한다.

앞서의 표 3.2에는 전통적인 방식이 제시되어 있다. 평균 산출기간이 10일에서 50일로 늘어나면 표준편차의 배수를 1.5에서 2.5로 크게 잡는다. 이 책을 준비하면서 이 표가 아직 유효한지 검증해보았더니 오늘날에는 훨씬 조정폭을 좁게 잡아도 된다는 결과가 나왔다. 미국의 IBM과 S&P500 지수, 나스닥 종합지수, 일본 니케이225 지수, 영국의 골드 불리온, 독일 마르크/미 달러 교차환율 등의 시장을 모두 테스트해보았다. 독일 마르크만 8년 동안의 데이터를 쓰고 나머지 시장은 모두 10년 동안의 데이터를 사용했다. 10, 20, 30, 50일 볼린저 밴드를 계산해보았더니 여섯 개 시장 모두 20일 밴드를 사용할 경우 평균적으로 데이터의 89퍼센트가 포함되었다. 따라서 데이터의 89퍼센

트가 포함되도록 밴드폭을 설정했다.[4]

시장별로 검증결과는 아주 일관성이 있었다. 검증결과를 토대로 권장할 만한 규칙을 제시하자면 표 7.2와 같다. ±2 표준편차에 20일 기간을 출발점으로 한다면 10일 기간에는 1.9 표준편차로 밴드폭을 줄이고 50일 기간에는 2.1 표준편차로 밴드폭을 늘린다.

표 7.2 볼린저 밴드의 밴드폭 변수(권장)

기간	배수
10	1.9
20	2.0
50	2.1

앞서 제시했던 전통적인 조정폭보다 폭이 훨씬 적다. 표본 크기를 확대한다든지 더 유효한 검증 방식이나 소프트웨어 등 다른 요소들도 변수가 된다. 그러나 시장의 변화만큼 중요한 건 없다. 최초의 볼린저 밴드 변수는 20년 동안 발전했고 그 이후 시장은 급격하게 변했다. 이를테면 당시엔 주가지수선물시장이 없었다. 아무튼 시장이 변한 건 틀림없으니 우리의 접근법 역시 변해야 한다.

결과를 요약하면 이렇다. 기간을 20일로 잡고 표준편차 배수 2를 대입하면 대부분 시장의 경우 88~89퍼센트가 포함된다. 기간을 10일로 줄이고 이 포함비율을 일정하게 유지하려면 밴드폭을 2.0에서 1.9로 줄여야 한다. 만약 기간을 50일로 늘린다면 밴드폭 역시 2.1로 늘려야 한다.

산출기간을 10일 이하나 50일 이상으로 하고 싶다면 차라리 바의 기간을 바꾸는 게 낫다. 이를테면 10일보다 짧게 잡으려면 기간을 더 줄이지 말고 '일간 바'를 '시간 바'로 바꾸는 게 낫다. 오전 9:30~10:00 까지 30분을 1시간으로 간주하면 뉴욕증권거래소의 하루를 7개의 트레이딩 시간으로 구분할 수 있다.* 그렇게 5일이면 35개가 된다. 기간을 20~30 내외로 유지하는 것을 원칙으로 하라. 이 기간에는 많은 사람들의 경험이 축적되어 있으므로 효율적인 결과를 얻을 수 있다.

그렇다면 왜 단순이동평균인가? 몇 년 전 어떤 부자父子가 한 팀을 이뤄 《인베스터즈 비즈니스 데일리Investor's Business Daily》지에 '업그레이드 볼린저 밴드'라는 것을 광고한 적이 있었다. 그들이 강조한 비법이란 바로 중심 추세선을 그릴 때 지수이동평균을 사용한다는 점이었다. 그러나 이 책에서 나는 여전히 단순이동평균을 추천한다. 밴드폭 설정 시 이용되는 변동성을 계산할 때 단순이동평균을 사용하기 때문이다. 즉 중심선을 잡을 때도 같은 기준인 이동평균을 이용하는 것이 차트의 일관성을 높일 수 있다. 지수이동평균을 써도 될까? 물론이다. 어떤 평균을 써도 된다. 그러나 서로 다른 평균을 쓴다면 신경 써야 할 이질적인 요소를 도입하는 게 된다.

---

* 뉴욕증권거래소의 거래 시간은 9:30~16:00이다. 개장 직후 30분을 1시간으로 치면 하루에 7개의 바가 생성된다.─옮긴이

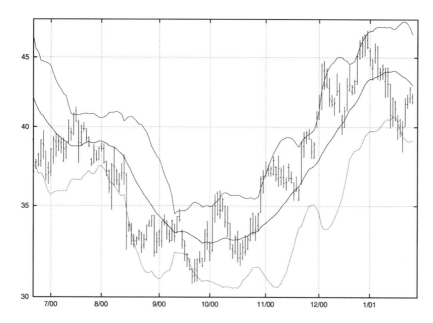

그림 7.1 볼린저 밴드와 20일 단순이동평균

디어앤코, 150일. 전형적인 볼린저 밴드.

우리가 테스트한 결과로는 그림 7.1~7.3에서 비교해볼 수 있듯 지수이동평균이나 최근가중치 평균front-weighted average*을 이용한다고 해서 특별한 장점이 있진 않았다. 따라서 설득력 있는 이점이 없으므로 가장 단순하고 논리적인 접근법을 고수해야 한다.

산출기간을 서로 다르게 잡는 건 어떨까? 흔히 이용되는 '믹스매치' 방식은 변동성 산출기간은 길게 잡고 평균 산출기간은 좀 짧게 잡는

---

* 최근 데이터에 가중치를 두는 일종의 가중이동평균법-옮긴이

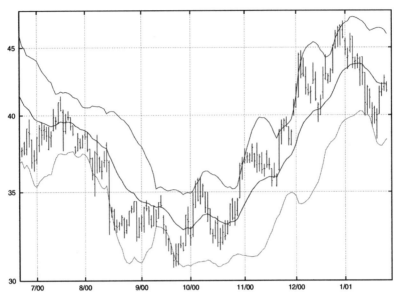

그림 7.2 볼린저 밴드와 20일 지수이동평균

디어앤코, 150일. 지수이동평균이 더 빨리 움직이므로 비교를 하려면 기간을 늘리는 게 좋다.

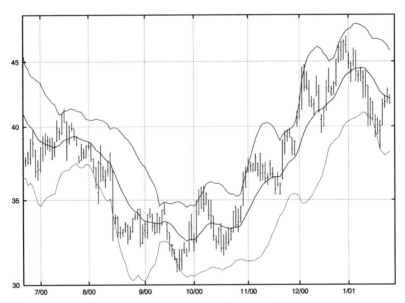

그림 7.3 볼린저 밴드와 20일 최근가중치 이동평균

디어앤코, 150일. 최근가중치 이동평균은 더 빨리 움직인다.

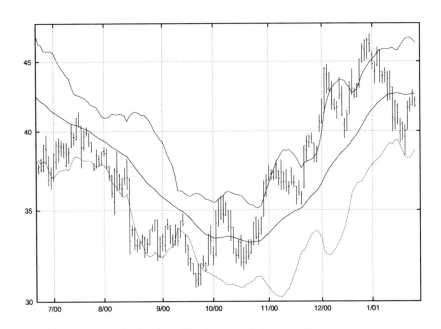

그림 7.4 볼린저 밴드와 50일 이동평균, 20일 표준편차

디어앤코, 150일. 변동성 산출기간은 길게, 평균 산출기간은 짧게 잡은 믹스매치 방식.

것이다. 이를테면 중간점으로는 50일 이동평균을 사용하고 밴드폭의 변동성은 20일을 사용한다(그림 7.4). 중간점의 추세를 측정하는 최선의 잣대를 사용하면서 밴드폭의 주도적인 변동성 사이클에서 정보를 얻겠다는 발상이다. 이동평균의 형태를 바꾸는 것만큼 흔히 이용되는 방식은 아니지만 그래도 이렇게 하는 사람들이 있다. 솔직히 나로선 그러잖아도 복잡한데 또 다른 변수를 도입하는 이유를 알 수 없다. 하지만 이렇게 해서 잘 되기만 한다면야 적극 환영이겠지만 믹스매치가 미스매치가 되지는 않을까 염려된다.

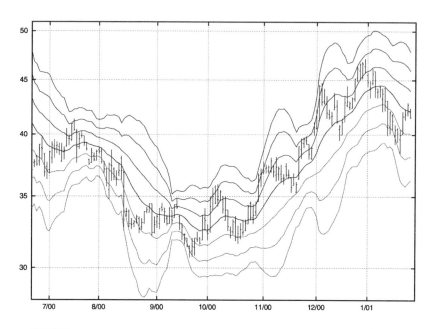

그림 7.5 여러 개의 밴드를 동시에 그린 볼린저 밴드-1

디어앤코, 150일. 이동평균 산출기간은 동일하게, 밴드폭은 다르게. 이 차트를 선호하는 사람들은 더 분명하게 볼 수 있다고 주장한다.

꽤 자주 이용되는 마지막 변형은 여러 개의 밴드를 동시에 그리는 것이다. 여기에는 두 가지 방식이 있다. 하나는 산출기간은 동일하게 (이를테면 20일로) 잡고, 밴드폭을 다르게 (이를테면 1과 2 표준편차로) 잡는 것이다(그림 7.5). 또 한 가지 방식은 변수를 모두 달리한 여러 개의 밴드를 하나의 차트에 그려 넣는 것이다. 예를 들어 20일, 2 표준편차 밴드와 50일, 2.1 표준편차 밴드를 동시에 그리는 방식이다(그림 7.6).

그중 흥미로운 건 두 번째 방식이다. 전혀 다른 요소를 나란히 늘어놓으면 거기에서 흥미로운 접합점이 나타날 수도 있다. 권장하고 싶은

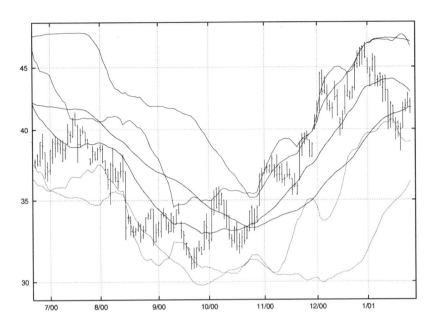

그림 7.6 여러 개의 밴드를 동시에 그린 볼린저 밴드-2

디어앤코, 150일. 이동평균 산출기간 및 밴드폭을 모두 다르게. 밴드가 서로 만나는 지점이 있다는 것이 흥미롭다.

기법은 아니지만 기본을 완전히 익힌 후에는 한번 시도해볼 만한 방법이다.

그렇지 않아도 인생은 복잡하다. 기본에 충실할 일이며 어수선하고 어지러운 건 그런 걸 좋아하는 사람에게 넘기자. 변종을 탐험하고 싶다면 기본적인 기술을 완전히 정복하고 나서 그렇게 하라. 패턴을 구별하는 기초를 탄탄히 쌓고(3부 참고) 지표를 능수능란하게 다루게 되면(제4부 참고) 변종의 장단점을 시험하라. 기본을 완전히 익힐 때까지는 쓸데없이 딴 길로 헤매다 길을 잃지 말지어다.

- 단순이동평균을 기본으로 사용하라.

- 표준편차로 밴드폭을 설정하라.

- 20일 이동평균, 2 표준편차가 기본이다.

- 이동평균 산출기간에 따라 밴드폭을 바꾸라.

- 단순함을 유지하라.

- 적응력은 아주 중요한 문제다.

PART 08

볼린저 밴드에서
도출할 수 있는 지표:
%b와 밴드폭

볼린저 밴드에서 직접 도출할 수 있는 지표는 두 가지로 %b와 밴드폭이다. 첫째 %b는 볼린저 밴드상에서 주가가 어디쯤 있는지 보여주는 지표로 주가와 지표 움직임을 연계해 트레이딩 시스템을 구축하는 핵심 수단이 된다. 둘째 밴드폭은 밴드의 너비를 나타낸다. 밴드폭은 스퀴즈(15장에서 자세히 설명)의 핵심으로 추세의 시작과 끝을 포착하는 데 중요한 역할을 한다. 먼저 %b부터 살펴본 다음 밴드폭에 대해 알아보자.

표 8.1은 %b를 구하는 공식이다. 종가가 상단 밴드 위에 있을 때

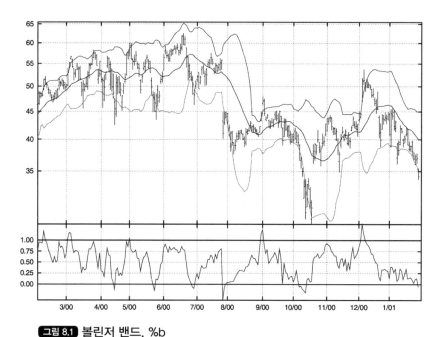

그림 8.1 볼린저 밴드, %b

노키아, 250일. %b는 주가가 밴드의 어느 지점에 있는지 알려준다.

%b값이 1.0, 중간 밴드에 있을 때 0.5, 하단 밴드 위에 있을 때 0.0이 된다는 점에 주목해야 한다. 그러나 %b는 상한선이나 하한선이 없는 공식이다. 종가가 상단 밴드보다 위에 있으면 1을 넘고 종가가 하단 밴드 아래에 있으면 0보다 작은 수가 된다. %b가 1.1이라면 밴드폭의 10퍼센트만큼 상단 밴드보다 위에 있다는 것을 의미하며 −0.15라면 밴드폭의 15퍼센트만큼 하단 밴드 아래에 있다는 것을 의미한다.

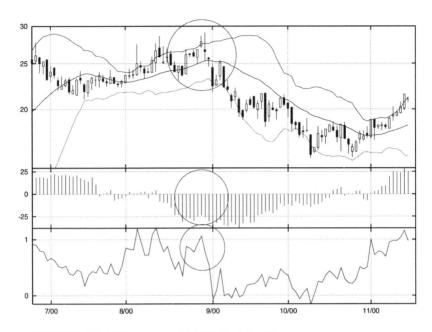

그림 8.2 볼린저 밴드, %b, 21일 일중강도(II) 지표

길포드 제약, 100일. 주가가 상단 밴드를 돌파하지만 지표는 부정적이다. 전형적인 매도 신호.

표 8.1 %b 산출 공식 [1]

(종가 − 하단 BB) ÷ (상단 BB − 하단 BB)

※BB=볼린저 밴드

%b는 볼린저 밴드 내의 주가 움직임과 거래량 오실레이터 같은 지표 움직임을 비교하는 척도가 된다(그림 8.2). 이를테면 주가가 상단 밴드를 돌파하고 21일 일중강도II; Intraday Intensity 지표*가 음수가 되면

---

* 일일 가격과 거래량과의 상관관계를 측정하는 지표−옮긴이

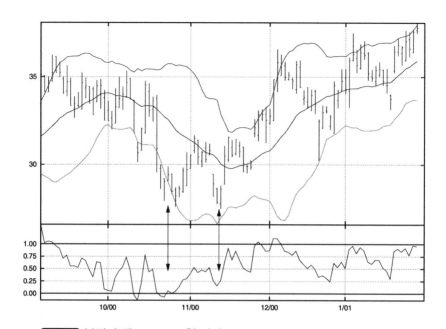

그림 8.3 볼린저 밴드, %b, W형 바닥

시어스, 100일. W형 바닥은 신저점을 찍지만 %b는 신저점을 기록하지 않는다는 점에 유의하라.

매도하는 시스템을 구축하고 싶다고 하자. 그러려면 %b가 1보다 크고 21일 II가 0보다 작으면 매도하도록 프로그램을 짜면 된다. 이에 대해서는 제4부에서 더 자세히 다루겠다.

%b의 활용에서 중요한 또 한 가지는 패턴 식별에 도움이 된다는 것이다(그림 8.3). 이를테면 저점을 재테스트한 다음 주가가 오르는 첫날 매수하는 시스템을 구축하려고 한다. 그렇다면 다음과 같은 조건에서 매수하도록 프로그램을 짜면 된다. '첫 번째 저점에서 %b가 0보다 작고 두 번째 저점의 %b가 0보다 크면서, 주가가 오르는 첫날 거래량이

50일 평균보다 높고, 거래범위가 10일 평균보다 클 것.' 이 시스템에 대해서는 제3부에서 다시 상세히 다루겠다.

%b는 절대적인 정보는 생산하지 않으므로 진정 상대적인 툴이다. %b가 알려주는 것은 볼린저 밴드가 만든 틀과의 연관성일 뿐이지만 모든 종류의 상대 비교를 가능하게 한다. 볼린저 밴드를 주가에만 구축하지 않고 지표로도 구축할 수 있다.

이 시스템을 활용하여 미확증 강세, 즉 주가는 강세를 보이나 지표가 강세를 확증하지 않을 때 매도하고자 한다면 이렇게 규칙을 만들면 된다. '주가의 %b가 0.9보다 크고 지표의 %b가 0.3보다 작을 때 매도한다.' 지금은 이 정도로 하고 20장에서 다시 이 시스템을 소개하기로 한다.

볼린저 밴드에서 도출할 수 있는 두 번째 지표는 밴드폭이다. 밴드폭을 계산하려면 상단 밴드에서 하단 밴드를 뺀 다음 중간 밴드로 나누어 표준화하면 된다(표 8.2 참고). [2] 이동평균 같은 중간 추세를 토대로 만든 밴드라면 종류에 상관없이 밴드폭을 산출할 수 있다.

표 8.2 밴드폭 산출 공식

(상단 BB − 하단 BB) ÷ 중간 밴드

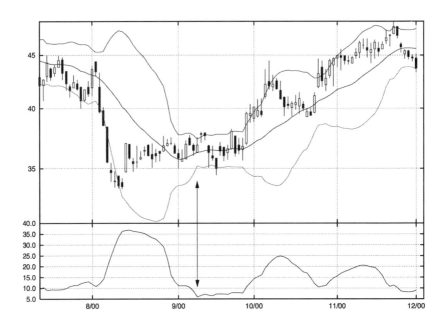

그림 8.4 볼린저 밴드와 밴드폭, 스퀴즈

클로록스, 100일. 높은 변동성은 낮은 변동성을 낳고 낮은 변동성은 높은 변동성을 낳는다.

밴드폭은 스퀴즈를 확인하는 데 가장 유용한 지표다. 스퀴즈란 변동성이 극히 낮은 수준까지 떨어져 변동성의 증가를 예고하는 상황을 말한다(그림 8.4). 이것을 확인하는 가장 간편한 방법은 밴드폭이 6개월 저점을 기록할 때를 포착하는 것이다. 이는 15장에서 다시 다루겠다.

밴드폭의 중요한 활용법 중 하나는 상승 혹은 하락추세의 시작을 포착하는 것이다. 밴드폭이 상당히 좁아져서 거래범위가 형성될 때 추세가 탄생한다. 거래범위를 돌파하며 밴드폭이 급격히 확장되면 종종 지속적인 추세가 시작된다(그림 8.5).

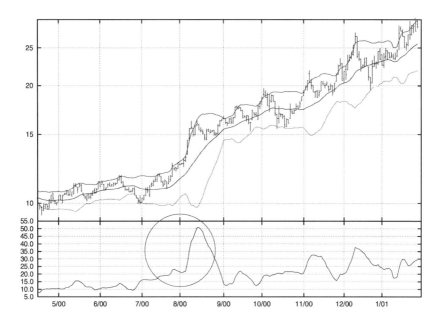

그림 8.5 볼린저 밴드와 밴드폭, 추세의 시작

스탠더드 퍼시픽, 200일. 추세가 시작될 무렵 변동성이 폭발적으로 증가한다.

밴드폭의 중요한 활용법 또 하나는 강력한 추세의 마지막을 포착하는 것이다. 강한 추세는 종종 스퀴즈 내에서 시작되는데, 강한 추세가 시작되면 변동성이 크게 확장되면서 밴드가 활짝 넓어진다. 이때 밴드가 너무 넓어져 추세의 반대쪽에 있는 밴드-이를테면 상승추세에서 하단 밴드-가 추세와 반대방향을 향하게 된다. 이 밴드가 반전되는 시점-이 경우 다시 위를 향할 때-이 추세가 끝나는 곳이다. 밴드폭이 평평해지거나 쇠퇴기미를 보이면서 추세 반대 방향으로 볼린저 밴드가 방향을 바꾸면 추세가 끝났다고 본다(그림 8.6).

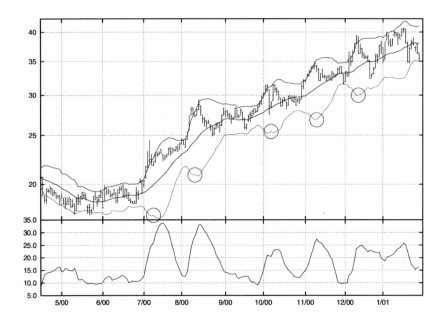

르나르, 200일. 밴드 밖으로 주가가 빠져나오는 레그 현상이 끝날 무렵 아래를 향하던 하단 밴드가 다시 위를 향하며 상승한다는 점에 주목하라.

프랑스인 애널리스트 필리페 캉Philippe Cahen이 밴드폭의 변화에 따라 형성되는 볼린저 밴드 패턴에 대한 저술을 남긴 바 있다. 캉이 언급한 두 가지 패턴은 앞서 제시한 '거품형'과 '평행형'이다(그림 8.7과 8.8). 캉은 각각의 경우 볼린저 밴드를 통해 나타나는 변동성은 독특한 신호를 보내므로 중요한 트레이딩 기회를 포착할 수 있다고 주장했다. [3]

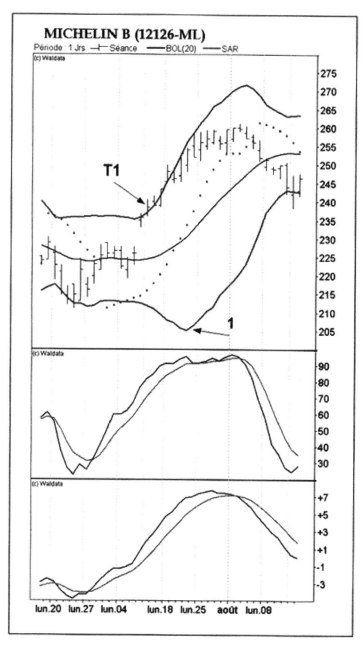

그림 8.7 규칙적인 변동성(평행형)

(출처: 『Paralleles』, Analyse Technique Dynamique by Philippe Cahen, Paris, France: Economica Books, 1999.)

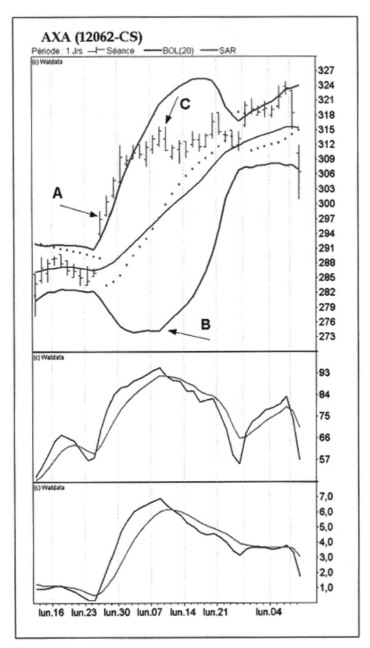

그림 8.8 고르지 못한 변동성(거품형)

(출처: 「Bulle」, Analyse Technique Dynamique by Philippe Cahen, Paris, France: Economica Books, 1999.)

- %b는 주가가 밴드의 어디쯤에 위치하는지를 나타낸다.

- %b는 트레이딩 시스템과 매수·매도 신호를 만드는 데 유용하다.

- 밴드폭은 스퀴즈를 확인하는 데 활용된다.

- 밴드폭은 추세의 시작과 끝을 포착하는 데 유용하다.

PART 09

볼린저 밴드와
통계학적 규칙

먼저 예비지식부터 습득해보자.

한 집단을 뽑아 키를 잰다. 바 차트 위에 각 사람의 키(175cm, 180cm 등)를 표시한다. 그러면 그림 9.1 같은 정규분포normal distribution를 보인다. 즉, 평균 키를 중심으로 종 모양의 곡선이 형성된다. 평균average에서 멀어질수록 숫자는 적어진다. 가장 큰 쪽과 가장 작은 쪽으로 가면 몇 사람에 불과하다.

이에 비해 주가의 변화로 똑같은 분포도를 만들어보면 키가 작은 쪽과 큰 쪽에 해당되는 부분인 양 극단의 꼬리가 두껍게 나타난다. 큰 폭

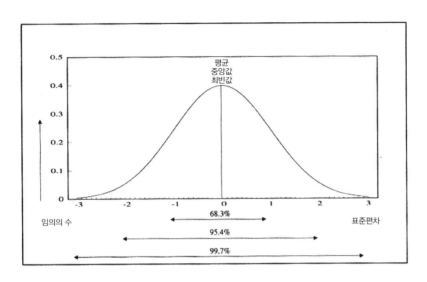

그림 9.1 정규분포

(출처: 『The Economist Numbers Guide』 by Richard Stutely, New York: John Wiley & Sons, 1998.)

의 이익과 큰 폭의 손실이 예상보다 훨씬 많으며 소폭의 변화는 기대보다 훨씬 적다. 즉 주가는 정규분포를 보이지 않으며 통계학적 규칙이 적용되지 않는다.

어떤 것에서든 정확한 추정치를 얻으려면 표본을 구해야 한다. 붉은 구슬과 녹색 구슬이 각 100개씩 들어 있는 항아리가 있다고 하자. 항아리에서 무작위로 구슬 30개를 꺼내면 이 표본의 붉은 구슬과 녹색 구슬의 비율은 항아리에 있는 모든 구슬의 모집단 비율을 반영해야 한다. 표본이 클수록 추정치는 더 정확해지며, 구슬의 색깔이 두 가지 이상이면 표본 크기가 더 커야 정확한 추정치를 얻을 수 있다. 이것만 이해하면 나머지는 쉽다.

볼린저 밴드의 폭은 표준편차를 이용해 결정하므로 자연스럽게 통계학적 규칙을 따르게 된다. 주가는 비정규분포non-normal distribution를 보이며 대개 표본 크기도 작지만 몇 가지 통계학적 개념은 유효하다.

중심극한정리中心極限定理, central limit theorem는 주식의 경우처럼 데이터가 정규분포를 이루지 않을 때에도 (표본값이 충분히 크다면) 무작위로 표본을 추출했을 때 정규분포에 가까운 부분집합, 즉 통계학적 규칙이 유효한 집합을 얻을 수 있다는 이론이다. 표본 크기가 비교적 작을 때 역시 모든 것이 엄밀히 들어맞지는 않아도 통계학적 기댓값이 어느 정도 유효하다는 것이다.

볼린저 밴드와 관련해 가장 많이 궁금해하는 통계학적 개념은 '평균회귀regression to mean', 즉 모든 것은 결국 고향으로 돌아간다는 것이다. 통계학자에게 '고향'은 평균이다. 주가도 평균에서 멀어지면 다시 평균으로 되돌아오리라 예측할 수 있는데 이것이 기술적 용어인 '과매수'와 '과매도'의 기반이 되는 통계학적 개념이다. 평균회귀를 주가에 적용하면 주가가 분포도의 끄트머리에 있을 때, 즉 볼린저 밴드의 상단이나 하단 가장자리에 있을 때 다시 평균, 즉 볼린저 밴드의 중앙으로 되돌아갈 것임을 예측할 수 있다.

금융상품의 몇 가지 사례를 통해 평균회귀가 입증되긴 했지만 증거가 충분하지는 않다. 따라서 주가가 상단이나 하단 밴드를 태그(접촉함)했다고 해서 그 자체로 밴드 중앙을 목표가격으로 무조건 매수 혹

138

은 매도하라는 신호가 되지는 않는다. 바로 이 점 때문에 지표를 이용해 밴드 태그를 확증해야 한다는 점이 아주 중요하다. 지표를 통해 평균으로 회귀할지 추세가 지속될지 합리적으로 판단할 수 있기 때문이다. 선택한 지표가 밴드 태그를 확증하면, 즉 지표와 주가 움직임이 상응하면 매수 혹은 매도 신호가 아니며 추세가 지속된다는 신호다. 태그가 확증되지 않으면, 즉 지표와 주가 움직임이 괴리를 보이면 평균회귀가 예상된다. 이런 식으로 각 정보가 갖는 힘이 올바른 의사결정을 도와준다고 믿고 통계학적 정보와 기술적 분석의 정보를 결합해나간다.

통계학적 의미를 가질 수 있는 최소한의 크기보다 표본 크기가 작을 때도 중심극한정리가 유효하다면 기본적인 통계학적 과정 역시 여전히 유효하다. 테스트 결과 볼린저 밴드도 마찬가지였다. 표본 크기(기간, 날짜 수)가 바뀌면 밴드 내에 포함되는 데이터의 비율을 유지하기 위해 약간씩 조정이 필요하지만 기간이 10일이든 50일이든 밴드 안팎의 주가 움직임은 큰 변화가 없었다. 2 표준편차 밴드에 데이터의 95퍼센트가 아니라 약 89퍼센트만 포함될 때도 마찬가지였다.

기대한 만큼 높은 비율의 데이터, 즉 2 표준편차 밴드에 약 95퍼센트의 데이터가 포함되지 않는 이유는 두 가지다. 첫째, 우리가 이용하는 모집단 연산으로는 표본 연산보다 약간 좁은 밴드가 나오기 때문이다. [1] 둘째 주가가 정규분포를 이루지 않기 때문이다. 주가는 양 극단에 훨씬 많이 분포하므로 밴드 바깥에 데이터가 더 많이 존재한다. 다

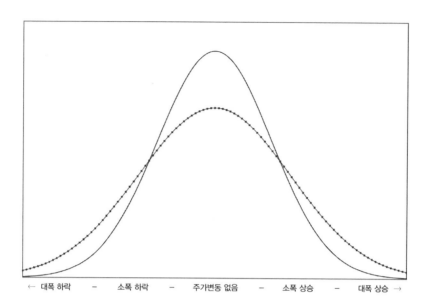

<table>
<tr><td>← 대폭 하락</td><td>–</td><td>소폭 하락</td><td>–</td><td>주가변동 없음</td><td>–</td><td>소폭 상승</td><td>–</td><td>대폭 상승 →</td></tr>
</table>

그림 9.2 첨도

주식시장은 정규분포를 보이지 않으며 큰 변화가 자주 일어난다.

른 요인도 있지만 중요한 건 이 두 가지다.

그렇다면 비정규분포란 무엇인가? 통통한 꼬리 부분에는 무엇이 있는가? 그림 9.2는 비정규분포의 개념을 정밀하게 보여준다. 그림에서 실선이 정규분포이고, 양 끝이 그보다 통통하며 점이 찍힌 선이 자잘한 변화는 적고 큰 변화가 많은 주식시장의 분포와 비슷하다. 두 분포도에서 가운데 볼록하게 올라온 곳의 정도를 첨도kurtosis*라고 하는데 주식에서는 첨도가 중요하다.

---

* 데이터의 분포가 갖는 첨예의 정도, 즉 곡선의 정점이 얼마나 뾰족한가를 나타내는 값—옮긴이

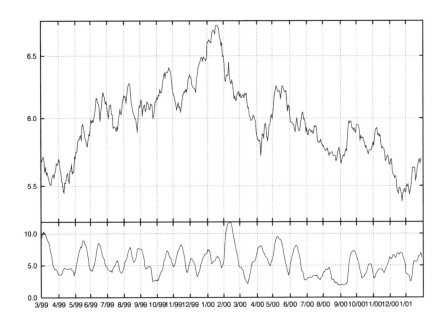

그림 9.3 채권시장 변동성 사이클

30년 만기 미 재무부 채권 수익률, 2년. 변동성의 저점 사이 간격이 대체로 규칙적임을 주목하라.

볼린저 밴드에서 가장 흥미로운 게 있다면 차트에서 보듯 밴드가 리듬을 타는 것처럼 수축되고 확장되는 모습을 보인다는 것이다. 상당히 규칙적인 19일 변동성 사이클을 보이는 채권시장에서 이런 양상이 두드러진다(그림 9.3). 이 현상에 대한 학문적인 연구도 많았다. 관심 있는 사람은 'Garch and Arch^{변동성 측정 모형}' [2] 에 관한 문헌을 찾아보길 바란다.

Garch and Arch의 대략적인 개념은 이렇다. '주가는 엄격한 의미의 사이클이 없고 사이클을 이용한 예측도 불가능하지만 변동성은 사이클을 보이며 사이클을 이용한 예측도 가능하다. 따라서 주가는 사이클을 보이지 않아도 밴드는 이동평균에 대한 변동성을 반영하므로 밴드의 확장과 수축이 '일정한' 패턴을 보인다고 해서 별로 놀랄 건 없다.' 여기서 '일정'하다는 말이 함정이다. 장기 금리의 변동성 사이클은 꽤 일정한 19일 사이클을 보이지만 대부분의 다른 금융상품은 일정하다고 할 만한 사이클을 보이지 않는다. 그러나 흥미로운 건 일정한 패턴이 있느냐 없느냐가 아니다. 가장 흥미로운 결론은 낮은 변동성은 높은 변동성을 낳고 높은 변동성은 낮은 변동성을 낳는다는 것이다. 이것이 스퀴즈의 토대가 된다(15장 참고).

결론은 이렇다. 볼린저 밴드의 통계학적 특성과 관련된 규칙들은 대체로 유효하다. 하지만 볼린저 밴드를 산출하는 데 이용되는 연산이 통계학적으로 타당하다 해도 이를 토대로 하여 어떤 명제도 주장할 수는 없다. 통계학이 많은 이들의 땀과 창의력이 투입된 학문이므로 투자에 적용할 수 있는 통계학적 틀이 있다는 것은 분명하다. 하지만 주식은 공장의 생산라인에서 찍어내는 제품이 아니므로 그렇게 취급하는 건 무모한 짓이다.

- 통계학적 규칙은 볼린저 밴드에 대체로 유효하지만 절대적이지는 않다.

- 주식에서는 평균회귀가 강력하지 않다.

- 지표를 이용해 밴드 태그를 확증하라.

- 주가는 사이클을 보이지 않지만 변동성은 사이클을 보인다.

- 높은 변동성은 낮은 변동성을, 낮은 변동성은 높은 변동성을 낳는다.

볼린저 밴드의
실전 활용

● ● 제3부는 기술적 분석의 가장 기본적 기능인 패턴 식별에 대해 자세히 살펴보고 볼린저 밴드를 활용해 패턴을 식별하는 법에 대해 설명한다. 각 장별로 천정, 바닥, 지속형 추세를 다루고 마지막으로 세 가지 트레이딩 방식 중 첫 번째 방식으로 스퀴즈를 토대로 한 트레이딩 기법을 논의하겠다.

PART **10**

패턴 식별의
핵심적인 열쇠

패턴 식별이란 되풀이해서 발생하는 사건들을 인식하는 과정을 말한다. 전형적인 모습들이 모여 특정한 순서로 결합될 때 하나의 신호를 보내는 패턴이 되며 우리는 이를 토대로 행동에 나설 수 있다. 혹예외는 있을 수 있지만 이러한 패턴은 똑같이 반복되지는 않는다. 대체로 비슷할 뿐 여기저기 울퉁불퉁 장애물이 놓여 있기 마련이다. 따라서 제대로 식별하려면 패턴을 분석할 수 있는 틀이 필요한데 볼린저밴드가 하나의 틀이 될 수 있다.

기술적 분석에 관한 책들을 보면 패턴을 묘사하는 용어들이 지면을 가득 메우고 있다. 이중 바닥과 이중 천정, 머리어깨형과 역머리어깨형, 상승삼각형, 하락삼각형은 흔한 패턴 중 일부일 뿐이다. 추세 반전이나 추세 지속을 나타내는 패턴들도 있다. [1]

볼린저 밴드는 여러 가지 양상을 명확히 규정함으로써 패턴 식별을 돕는다. 볼린저 밴드는 고점과 저점, 안정성과 변동성, 추세와 비추세를 규정할 수 있는 척도를 제공하며 시간별, 종목별, 시장별 비교도 가능하게 해준다. 패턴이 변하면 밴드도 따라서 변하므로 차트의 눈금이나 경직된 추세선이 만드는 절대적이고 고정된 틀이 아니라 상대적이고 유연한 틀을 제공한다.

주식이 강세국면에서 약세국면으로, 혹은 약세국면에서 강세국면으로 갑자기 전환되는 일은 드물다. 대개 한 번 이상 지지영역이나 저항영역을 테스트하는 일련의 주가 움직임을 보이면서 국면 전환이 일어난다. 특히 M형과 W형은 시장이 전환점에 있을 때 형성되는 패턴으로 기존의 추세가 끝나고 새로운 추세가 시작됨을 알려준다. 기존의 상승추세나 하락추세가 반전되고 새로운 추세가 나타날 수도 있고 비추세국면에서 추세국면으로 전환될 수도 있으며, 혹은 밀집 구간 같은 횡보추세가 새로 시작될 수도 있다. 가장 흔한 패턴은 천정에서 나타나는 머리어깨형과 저점에서의 이중 바닥형이다. 그러나 세 개의 봉우리(고점)가 있는 확장된 M형 천정(그림 10.1)이나 W형 바닥(그림 10.2)은 가장 흔한 반전형 패턴일 뿐 모든 반전형 패턴이 이 두 가지 형태로 나타나지는 않는다.

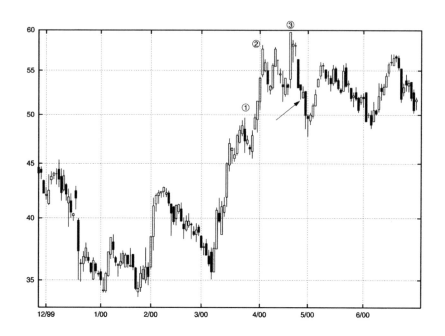

그림 10.1 세 번의 급등을 거쳐 고점에 이르는 모습

파마시아, 150일. 세 번의 급등을 거쳐 고점에 이른 다음 주가가 급락하면서 추세가 붕괴된다.

상승에서 하락, 혹은 하락에서 상승으로 급속히 전환될 때 스파이크 천정spike tops(역 V형 천정)이나 V형 바닥도 나타날 수 있다. 그리고 반전형 패턴 중 일부는 전혀 다른 방향으로 진행되기도 한다. 반대 방향으로 새로운 추세가 시작되는 것이 아니라 단지 기존 추세가 끝나고 횡보장으로 전환되는 경우다. 한편 보다 기간이 길고 복잡한 패턴들도 있다. 이후 추세의 기반이 되는 베이스나 밀집 패턴, 복합 천정형 등이 그 예인데 이들 패턴은 추세가 점진적으로 전환될 것을 예시한다.

종종 하나의 패턴은 더 큰 패턴의 일부분이기도 하다. 기간을 더 길

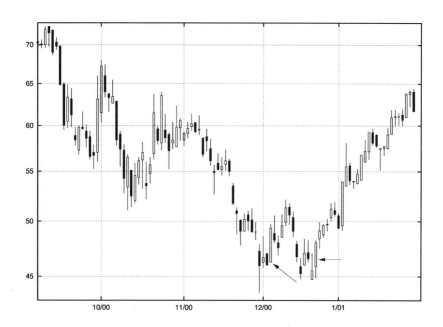

그림 10.2 W형 바닥

베어스턴스, 100일. 저점을 찍은 직후 캔들스틱이 양봉을 보이는 전형적인 W형 바닥.

게 잡아야만 이런 패턴들이 눈에 보인다. 즉 시간을 하루로, 일주일을 한 달로 시간 틀을 확장해야 한다. 1980년대 말 세 개의 시간 틀을 활용하는 트레이딩 시스템이 있었다. [2] 세 가지 시간 틀에서 모두 유사한 신호가 발효되어야 트레이딩을 결행하는 방식이었다. 이는 시장에 대한 '프랙탈fractal'* [3] 접근법으로 당시로서는 여러 수준의 시간 틀을 동시에 살피는 것이 얼마나 중요한지 가장 잘 보여주는 시스템이었다.

---

* 부분이 전체를 닮은 자기유사성과 순환성을 특징으로 하는 구조—옮긴이

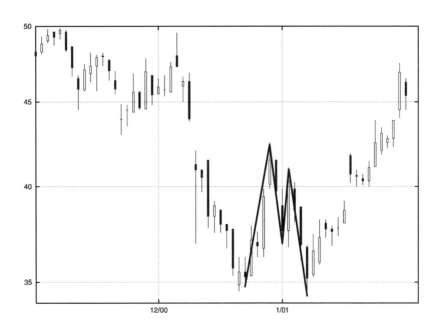

그림 10.3 M형과 W형

할리 데이비슨, 100일. W형 안에 숨어 있는 M형이 보이는가?

프랙탈 모형은 아주 흔히 나타난다. 일례로, 장기 W형 바닥을 살펴보자. 유심히 관찰해보면 W형 안에 보다 작은 W형이 숨어 있을 수도 있고 W형 정점에 작은 M형 패턴이 나타나기도 한다(그림 10.3). 이런 프랙탈 패턴이 두세 개씩 동시에 관찰되는 경우는 드물지만 프랙탈 패턴 자체는 실상 무한대로 나타날 수 있다.

기술적 패턴이란 일련의 주가 움직임이 차트 위에 뚜렷한 신호와 함께 전형적인 패턴을 형성한 것을 말한다. 그리고 차트와 신호는 볼린저 밴드를 통해 명확하게 규명된다. 즉 이러한 양상으로 패턴이 형성

그림 10.4 W형 바닥, 볼린저 밴드, 거래량 확증

아트 테크놀러지 그룹, 100일. 첫 번째 저점에서 거래량이 증가하고 두 번째 저점에서 거래량이 감소하며 주가가 수직상승하면서 거래량이 다시 증가한다.

된다.

W형(이중 바닥)의 이상적인 형태는 1차 주가 하락이 있은 뒤 주가가 반등하면서 회복되다가 2차 주가 하락이 발생하고 다시 상승추세가 시작되는 모습이다(그림 10.4). 2차 하락이 적어도 절대적인 관점에서 신저점을 갱신하느냐 마느냐 여부는 중요하지 않다. 첫 번째 저점이 하단 볼린저 밴드를 이탈하지만 두 번째 저점은 밴드 안에 위치한다는 점이 중요하다. 또한 1차 하락 시의 거래량이 2차 하락 시의 거래량보다 많다는 것으로 확증된다.

천정은 바닥 패턴과 정확히 대칭이 되지는 않는다. 천정은 형성되는데 시간이 보다 걸리고 주가가 치고 올라가는 횟수도 두 번이 아니라 세 번(혹은 그 이상)으로 패턴이 완성되는 경향이 있다. 이런 천정형은 머리어깨형의 변형인 경우가 많다.

볼린저 밴드는 차트 위에 나타난 패턴을 명료하게 보여준다. 전형적인 W형은 하단 볼린저 밴드 밖에서 저점이 발생하고 이어서 하단 밴드 내에서 다시 저점을 찍는다. 마지막 주가 저점이 직전 저점을 붕괴시킨다고 해도 상대적인 관점으로 보면 신저점이 아니다. 따라서 주가가 신저점을 찍으면 흔히 패닉에 빠지게 되는데, 볼린저 밴드를 활용하면 패닉에 빠지지 않고 뒤따르는 상승 행진에 동참할 수 있다.

이런 패턴들을 구별하려면 모멘텀의 고점과 저점에 뒤따르는 주가의 고점과 저점을 염두에 두어야 한다. 대개 주가가 하락할 때는 하락 모멘텀에 가속이 붙으면서 1차 저점으로 떨어지는데 이때가 모멘텀이 최고조에 이르는 시기이며 대개는 거래량도 아주 많다. 이후 주가가 한동안 회복세를 보이다 다시 하락하며 저점을 찍는다. 이 2차 저점이 신저점을 갱신할 수도 있지만 그렇다고 해도 모멘텀은 급격히 둔화되고 거래량 역시 급감한다. 많은 경우 모멘텀의 천정과 바닥은 볼린저 밴드 바깥에서 일어나며 이어지는 주가의 천정과 바닥, 즉 반전 지점은 볼린저 밴드 안에서 일어난다.

천정과 바닥을 생각하는 또 한 가지 방식은 모멘텀을 소진하는 과정으로 보는 것이다. 이 책에서는 거래량 지표를 선호하고 있지만 모멘텀 지표 역시 패턴 진단 과정에서 아주 유용한 지표다. 거래량 지표와 모멘텀 지표를 모두 살펴야 유용한 기술적 분석이 된다(그림 10.5). 두 지표는 서로 독립적으로 작동하므로 이 두 지표가 함께 신호를 보낸다면 종목의 전망에 대한 신뢰도를 높일 수 있다.

볼린저 밴드의 가장 중요한 활용법은 천정 및 바닥을 진단하는 것이지만 지속적인 추세 확인, 거래범위 규정, 스퀴즈 식별, 그 밖의 중요한 패턴 인식에도 유용하다.

패턴 식별은 기술적 투자의 성공으로 가는 열쇠다. 특히 볼린저 밴

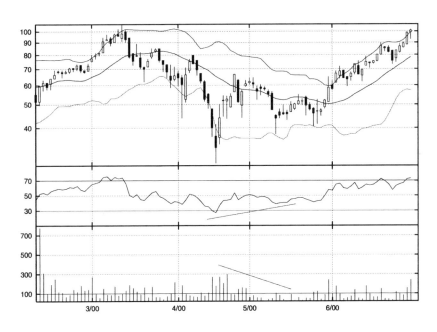

그림 10.5 W형 바닥, 볼린저 밴드, 거래량 지표 및 모멘텀 지표
아트 테크놀러지 그룹, 100일. 재테스트 시점(2차 저점)의 거래량과 모멘텀의 변화를 주목하라.

드와 지표를 결합하면 패턴 식별의 성공으로 가는 열쇠를 거머쥘 수 있다. 다음 장에서는 어떤 시장 조건에서도 우위를 점할 수 있는 패턴 인식법을 소개하겠다.

키 포인트! 이것만은 기억하자

- M형과 W형이 가장 흔히 나타나는 패턴이다.
- 패턴은 종종 프랙탈 모형을 보인다.
- 볼린저 밴드를 활용하면 패턴을 명확히 규명할 수 있다.
- 볼린저 밴드 밖에서 저점(고점)이 나타난 뒤 밴드 안에 저점(고점)이 나타나면 절대적 신저점이나 신고점을 갱신하더라도 대개는 반전형 패턴이다.
- 거래량 지표, 모멘텀 지표는 천정과 바닥을 진단하는 데 매우 유용하다.

PART 11

무의미한 정보를
주가 필터로 걸러낸다

거의 모든 주가 패턴은 주가 필터price filter라는 툴로 명쾌하게 분류할 수 있다. 주가 차트에서 일정 포인트 또는 비율을 초과하는 등락이 발생한 고점과 저점을 연결하는 단순한 방법이다. 예컨대 필터에 포인트를 적용하고자 한다면 다우존스산업평균 지수의 경우, 100포인트 정도로 크게 잡는 것이 효율적이며 IBM 주가라면 2포인트로 작게 잡는 것이 효율적이다. 그렇다 해도 주가 수준이 달라지면 포인트의 가치가 달라지기 때문에 실제 사용에서는 포인트보다 비율을 기준으로 하는 편이 훨씬 효율적이다.

주식의 경우 포인트 필터는 사실 일고의 가치도 없다. [1] 비율 필터와 포인트 필터를 예로 들어보자. 8퍼센트라는 비율 필터를 적용할 경우 주가가 10달러라면 0.8포인트, 100달러짜리라면 8포인트에 해당한다. 반면 8포인트 필터를 적용할 경우 주가가 100달러짜리라면 8퍼센트이지만, 주가가 10달러짜리라면 무려 80퍼센트에 해당한다. 게다가 주식의 가격은 천차만별이므로 포인트 필터를 적용하면 격차가 너무 커서 종목별로 비교할 수가 없다. 주가에는 비율 필터를 적용하는 것이 좋으며 비율을 2~10퍼센트로 할 때 종목 간에 비교하기도 좋다.

그림 11.1~11.6은 비율 필터를 적용한 차트 모습이다. 이를 지그재그 차트 또는 스윙 차트라 한다. 제시한 여섯 개의 차트는 모두 같은 차트이며 점차 높은 비율의 주가 필터를 적용해놓았다. 비율을 높일수록 필터를 적용시켜 얻은 들쭉날쭉한 선들이 사소한 주가 변동, 즉 노이즈noise*를 점점 더 많이 없애고 있음을 알 수 있다. 급기야 그림 11.6으로 가면 차트 전체가 한 번의 등락으로 표시되어 신호를 드러내주지 않는다. 비율을 너무 높이면 이런 문제가 발생한다. 스윙 차트의 목표는 중요한 정보가 보다 잘 드러나도록 패턴을 명료하게 만드는 것이므로 최적의 비율을 선택하는 것이 관건이다.

---

* 무의미한 정보-옮긴이

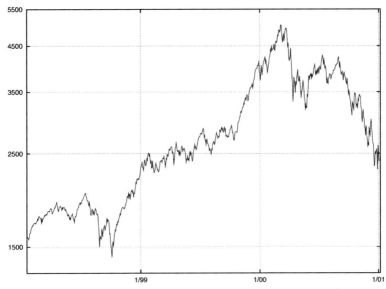

그림 11.1 스윙 차트, 필터를 사용하지 않음

나스닥 종합지수, 3년, 미가공 데이터.

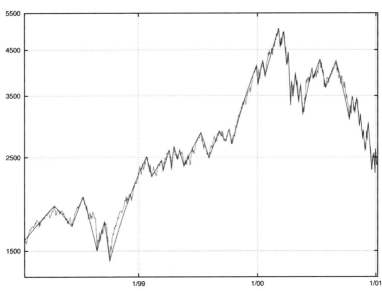

그림 11.2 스윙 차트, 5퍼센트 필터

나스닥 종합지수, 3년. 노이즈가 제거되기 시작한다. (필터가 곡선이 되는 이유는 로그 스케일을 사용했기 때문이다.)

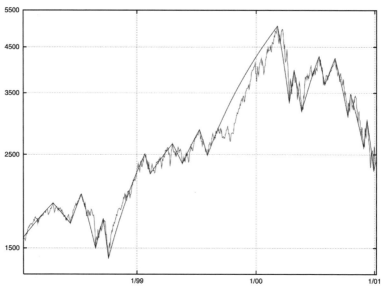

그림 11.3 스윙 차트, 10퍼센트 필터

나스닥 종합지수. 3년. 중요한 주가 등락 움직임이 드러난다.

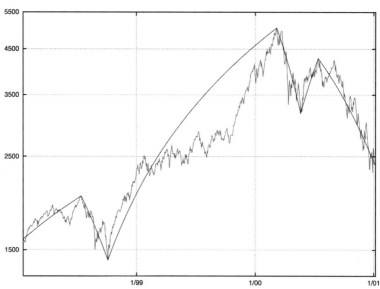

그림 11.4 스윙 차트, 20퍼센트 필터

나스닥 종합지수. 3년. 노이즈를 너무 많이 걸러내 중요한 세부 정보들이 사라진다.

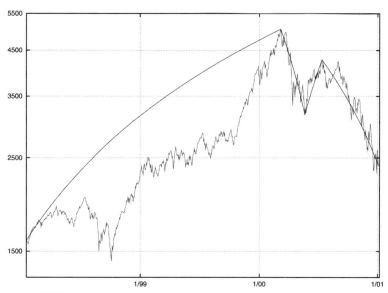

그림 11.5 스윙 차트, 30퍼센트 필터

나스닥 종합지수. 3년. 너무 개괄적인 큰 그림이 탄생한다.

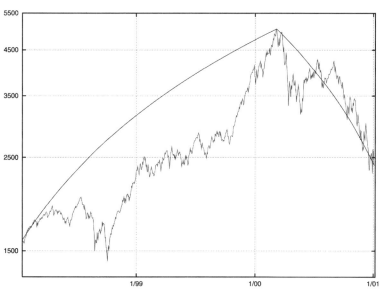

그림 11.6 스윙 차트, 40퍼센트 필터

나스닥 종합지수. 3년. 노이즈를 너무 많이 걸러내 신호가 전혀 발효되지 않는다.

지그재그 차트 혹은 스윙 차트와 유사한 필터링 기법으로 P&F 차트가 있는데 아마도 서구에서 가장 오래된 차팅 기법일 것이다. 시간이나 거래량은 참고하지 않고 순전히 주가 등락만 표시한다. 네모난 모눈종이에 그리는데 각각의 모눈을 박스라고 부르며 주가는 y축에 표시한다.

일찍이 1800년대 후반 문헌에 P&F 차트가 언급되는데 거래장에서 '피겨 차트figure chart'를 사용했다는 내용이 있다. 오늘날 P&F 차트는 상승시 X, 하락시 ○로 표시하는 데 비해 최초의 피겨 차트는 박스 안에 3, 21, 57 같은 실제 숫자를 기입해 주가 움직임을 표시했을 것으로 추정된다. 거래장 트레이더들은 거래표 뒷면에 손으로 직접 그렸다. 그다음으로 상승, 하락 모두 X로 표기하되 주가의 끝자리가 0이나 5로 끝나면 0과 5를 적어 넣는 P&F 차트가 등장한다. 유명한 애널리스트인 드비에deVilliers와 윌런Wheelan 모두 이 기법을 사용했다(그림 11.7).

오늘날 P&F 차트를 그리는 과정은 아주 간단해서 손으로도 쉽게 그릴 수 있다(그림 11.8). 주가가 오르면 X표를 네모칸에 그려 넣어 기둥을 더 높이 세우고 주가가 떨어지면 그 오른쪽에 ○표로(그림에는 □로 되어 있다) 기둥을 세운다. 미리 일정한 범위를 정해두고 이 범위를 넘어서는 가격 반전이 일어나면 X 기둥에서 ○ 기둥으로 전환하는데, 대개 세 칸을 범위로 정한다.

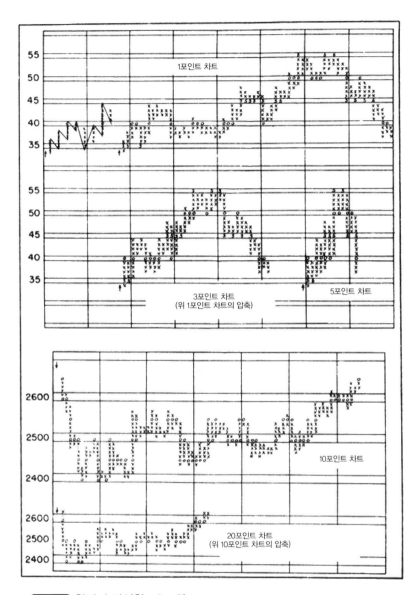

그림 11.7 윌런이 작성한 P&F 차트

[출처: Study Helps in Point and Figure Technique by Alexander H. Wheelan, originally published by Morgan, Rogers, and Roberts (New York, 1947), reprinted by Fraser Publishing (Burlington, Vt., 1989).]

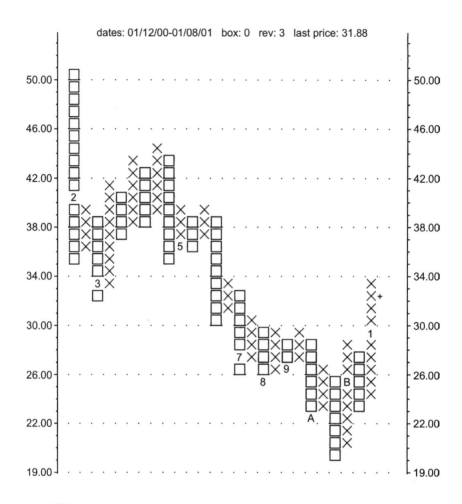

dates: 01/12/00-01/08/01   box: 0   rev: 3   last price: 31.88

그림 11.8 현대식 P&F 차트

IBM, 1년.

P&F 차트를 사용하는 사람들을 오랫동안 괴롭혀온 문제가 있다. 바로 적절한 필터, 즉 박스값을 구하는 것이었다. 대개는 주가를 토대로 만든 규칙을 사용했다. 주가가 낮은 수준이면 박스 하나가 2분의 1 혹은 4분의 1포인트에 해당한다. 주가가 높은 수준이면 박스 하나가 2분의 1 혹은 1포인트에 해당하도록 박스 크기를 키운다. 예를 들어 10달러짜리 주식의 경우 박스 하나가 1포인트에 해당한다면 80달러짜리 주식의 경우 박스 하나가 1.5포인트에 해당하는 식이다. 에이브 코헨Abe Cohen이 개발한 차트크래프트ChartCraft 방식이 가장 널리 쓰이고 있다. 표 11.1은 차트크래프트가 권고하는 박스 크기다.

표 11.1 차트크래프트가 추천하는 박스 크기

주가범위(달러)	박스 크기(포인트)
5 이하	1/4
5 ~ 20	1/2
20 ~ 100	1
100 이상	2

차트크래프트를 활용할 때 하락 스윙에서 상승 스윙으로 반전되려면 박스 세 개를 한계치로 설정한다. 이 정도면 중요한 세부 정보를 놓치지 않으면서 의미 없는 사소한 정보를 걸러내기에 적당하다. 차트크래프트 방식을 적용하면 10달러짜리 주식의 스윙 방향이 반전되려면 1/2×3, 즉 1.5포인트의 반전이 필요하다. 170달러인 주식의 스윙 방

향이 반전되려면 2×3, 즉 6포인트의 반전이 필요하다.

그런데 이 접근법에 한 가지 문제가 있다. 박스 크기가 바뀌게 되는 주가 지점(표 11.1에 의하면 5, 20, 100달러 등)에서 갑자기 큰 폭의 변화가 생긴다. 예를 들어 박스 크기가 0.5포인트인 19달러짜리 주식은 1.5포인트만 등락하면 반전되는 반면(박스 세 칸이 반전 한계치이므로), 박스 크기가 1포인트인 20달러짜리 주식은 반전되려면 3포인트가 오르거나 내려야 한다. 대체로 주가가 올라가면 반전에 필요한 주가 포인트의 비율은 점점 작아지지만, 박스 크기에 변화를 줄 주가 수준에 막 진입한 경우에는 그 비율이 갑작스럽게 높아지는 셈이 된다. 예를 들어 주가가 19달러면 7.8퍼센트만 등락하면 반전되지만(1.5÷19) 주가가 20달러면 15퍼센트 등락해야 반전된다(3÷20). 7.5퍼센트 수준의 비율로 돌아가려면 주가가 40달러까지 상승해야 한다(3÷40).

볼린저 박스Bollinger Boxes는 이처럼 전통적인 규칙들이 유발하는 문제를 피하기 위해 박스 크기의 설정 시 급격한 변동치를 순화시키고자 개발되었다. 볼린저 박스를 만들기 위해 이전에 월런, 코헨 등이 사용했던 박스 크기 지정에 대한 모든 방법을 일람표로 만들었다. 그런 다음 x축에 주가, y축에 백분율 박스 크기를 표시하고 규칙 모음들을 그려나간다. 이렇게 하면 각 규칙 모음마다 계단 모양의 선이 생기는데 여기에 맞춰 곡선을 그림으로써 곡선맞춤을 할 수 있다(그림 11.9).

이 곡선의 공식을 표기하고 박스 크기를 설정하는 알려진 방법들을 각각 되풀이했다. 이러한 과정을 통해 이상적인 박스 크기가 도출되었는데 단순화시키면 가장 최근 주가의 제곱근을 산출하여 17퍼센트를 적용하는 것이다(표 11.2 참고).

표 11.2 단순화된 볼린저 박스를 활용한 표본 박스 크기

주가(달러)	반전(퍼센트)
4.5	8
8	6
18	4
69	2

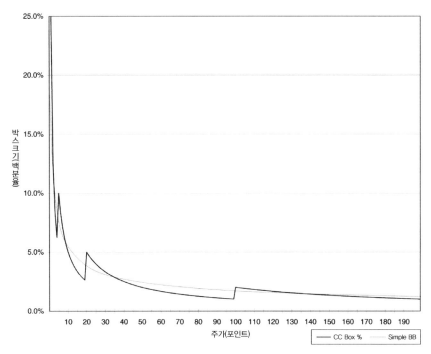

그림 11.9 볼린저 박스에 의한 곡선
코헨의 P&F 박스 크기 법칙을 곡선맞춤함.

조정을 위해 사용한 제곱근 법칙SRR, square root rule은 버튼 크레인Burton Crane의 1959년 저서 『노련한 투자자Sophisticated Investor』에서 최초로 언급되었다. 크레인은 이 책에서 프레드 맥컬리Fred Macauley가 《뉴욕 타임즈-애널리스트》지에 기고한 글을 출처로 밝히고 있다. [2] SRR은 변동성이 주가의 제곱근과 함수관계에 있다는 것을 시사한다. 이 법칙을 적용해 수익을 따져보면 비율로 보면 저가주가 높았고, 포인트로 보면 고가주가 높았다. 이런 관점에서 볼 때 저가주가 고가주보다 변동성이 높다고 할 수 있다. 직관적으로 생각해도 정확한 판단이다. 백분율, 즉 비율로 따질 때 고가주보다 저가주가 더 크게 오르내리는 게 합당하기 때문이다.

이러한 조정의 결과 기존 방식과 거의 차이가 없으면서도 SRR과 거의 완벽하게 맞아 떨어졌다. 볼린저 박스를 이용해 P&F 차트를 구축하면 박스 크기가 바뀌는 경계 지점에 부자연스러운 장벽이 생기지 않는다. [3] 요즈음은 거의 모든 기술적 지표가 전산화되어 있어서 컴퓨터로 아주 쉽게 처리할 수 있다.

이상적인 주가 필터링 방법을 개발했다면 이제 패턴을 분류해보자. 주가 패턴의 체계적 분류를 최초로 시도한 사람은 1971년 로버트 레비Robert Levy였다. 레비는 각 종목의 변동성에 따른 주가 등락을 그려 5점 패턴five-point pattern들을 활용해 분류한 다음 이 패턴들의 유의성을 검증했다. 중요한 예측력을 발견하지는 못했지만 레비는 5점 분류

라는 강력한 툴을 남겼다. [4]

이 접근법은 10년 동안 잠들어 있었는데 1980년대 초 아서 A. 메릴 Arthur A. Merrill이 채택해 유망한 결과를 발표했다. 메릴 역시 동일한 5점 접근법을 이용했지만 레비의 변동성 필터 대신 8퍼센트 필터를 사용했다. 메릴은 대체로 대문자 M 모양을 보이는 열여섯 가지 패턴과 대체로 대문자 W 모양을 보이는 열여섯 가지 패턴 두 그룹으로 나누었다. [5]

메릴은 높은 포인트에서 낮은 포인트로 순차적으로 패턴을 분류해 M 패턴들과 W 패턴들을 정리했다. M1이 강하게 추락하는 패턴이라면 M8과 M9는 변동이 적고 M16은 강하게 상승하는 패턴이다(그림 11.10). 마찬가지로 W1이 추락하는 패턴이면 중간에 있는 W들은 변동이 적으며 W16이 상승 패턴이다(그림 11.11).

이 책의 맨 뒤에 이 패턴들을 별도로 정리해두었으니 참고하기 바란다. 메릴은 이러한 패턴들 중 일부는 주가를 예측한다는 것을 보여주었다. 더 자세한 내용은 메릴의 저서 『M&W 파동 패턴M&W Wave Pattern』을 참고하라. 메릴은 또한 이 패턴들 중 일부를 시장의 기술적 분석가들이 사용하는 전통적인 이름에 따라 분류하기도 했다(표 11.3 참고).

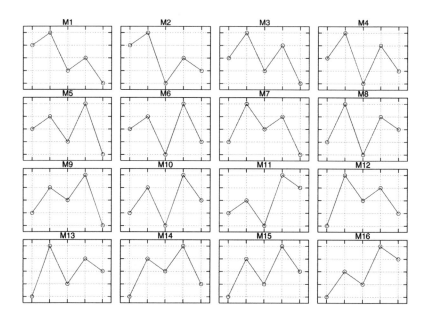

그림 11.10 아서 메릴의 M 패턴

(출처: M & W Wave Patterns by Arthur A. merrill, Chappaqua, N.Y.: Analysis Press, 1983.)

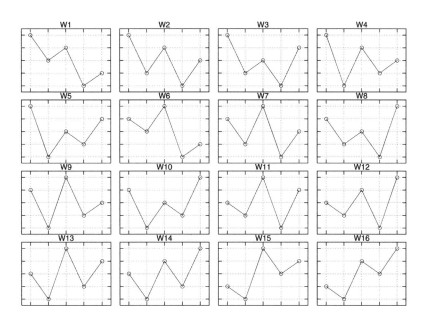

그림 11.11 아서 메릴의 W 패턴

(출처: M & W Wave Patterns by Arthur A. merrill, Chappaqua, N.Y.: Analysis Press, 1983.)

표 11.3 메릴의 M 패턴과 W 패턴 범주

기술적 패턴	메릴의 패턴
상승추세(두 번째 고점이 상승)	M15, M16, W14, W16
하락추세(두 번째 저점이 하락)	M1, M3, W1, W2
머리어깨형	W6, W7, W9, W11, W13, W15
역머리어깨형	M2, M4, M6, M8, M10, M11
삼각형(수렴)	M13, W4
확장형(확산)	M5, W12

레비는 변동성으로 패턴을 걸러냈고 메릴은 고정된 백분율 필터를 이용했다. 우리는 두 가지를 조합해서 주가 등락을 필터링할 때는 볼린저 박스를 이용하고 앞으로의 주가 움직임을 예측할 때는 변동성을 이용한다. 이는 우리의 전자거래 사이트인 패턴파워PatternPower www.PatternPower.com의 핵심이 되는 접근법이다.

M형 패턴과 W형 패턴의 한 가지 중요한 측면은 볼린저 밴드와 지표를 이용하면 패턴을 명확히 식별할 수 있다는 것이다. 이 두 패턴은 사뭇 다른 성격을 갖고 있으므로 이어지는 12, 13장에서 따로 고찰하겠고 이 패턴들과 볼린저 밴드를 결합해 예측의 정확도를 높이는 방법을 설명하겠다. 마지막으로 14장에서는 지표를 활용할 것이다.

- 주가 필터를 이용해 무의미한 정보를 걸러내고 패턴을 명확히 한다.

- 주식에는 백분율 필터가 가장 적합하다.

- 볼린저 박스는 발군의 필터링 기법이다.

- 모든 주가 패턴은 M형 패턴과 W형 패턴으로 분류할 수 있다.

PART **12**

대표적인 바닥
W형 패턴 포착

지금부터 M형 패턴과 W형 패턴을 이용해 주가 움직임을 설명하고 자 한다. 이 책 끝 부분에 대표적인 W형과 M형 패턴을 정리해놓았으니 언제든지 간단하게 펼쳐서 활용하기 바란다.

바닥이 형성되는 과정부터 살펴보기로 하자. 바닥형 구조는 천정형 구조보다 훨씬 말끔하고 선명해서 비교적 진단하기가 쉽다. 이러한 차이는 투자자의 심리 상태에 기인한다. 바닥형과 천정형은 탄생 환경이 다르다. 천정형은 행복과 희망 속에서 생성되지만 바닥형은 공포와 고통 속에서 탄생한다. [1] 따라서 바닥형은 단기간에 극적으로 탄생해 더

가파르고 팽팽한 모양을 형성하게 된다. 공포는 환희보다 즉각적인 반응이 나타나는 정서이기 때문이다. 천정형은 시간을 더 오래 끌며 느슨한 모양을 형성하므로 진단하기도 어렵다. 천정에서는 투자자들이 바닥에서처럼 조급하게 행동하지 않기 때문이다.

우리는 최근 연구 과정에서 중기 저점과 고점들로 이루어진 주가 패턴의 특징을 살펴보았다. 이중 바닥과 삼중 천정이 가장 전형적인 패턴이었고 천정이 형성되는 기간이 바닥이 형성되는 기간보다 훨씬 길었다. '내리막길이 더 빠르다'는 월가의 속설을 확인해주는 결과였으며 심리학적인 관점에서도 예측 가능한 결과였다. [2]

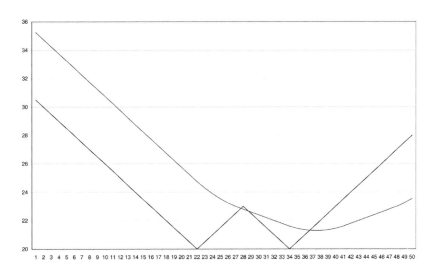

그림 12.1 W형의 이상적인 모습

손으로 그림. 전형적인 W형은 첫 번째 상승에서 이동평균의 저항을 받고 두 번째 상승에서는 저항을 받지 않는다.

주식이 하락국면에서 상승국면으로 바뀔 때 칼로 무 자르듯 전환되지는 않는다. 가장 자주 나타나는 양상을 보면 잠시 회복하는 듯하다가 다시 밀려서 지 지점을 테스트한 뒤 반등한다. 이 과정에서 만들어지는 패턴이 이중 바닥, 즉 W형 바닥이다(그림 12.1 참고).

W형은 강세로 전환될 때 가장 흔히 나타나는 유형이지만 유일한 패턴은 아니다. 비교적 드물기는 하지만 신저점으로 곤두박질치다가 즉시 치솟는 경우도 있다. 이것이 V형 바닥으로 예기치 못한 행운을 만나거나 호재가 터지면서 주식의 운명이 급반전되는 경우다. V형보다 흔한 유형으로는 신저점으로 추락했다가 오랜 기간 횡보를 거듭한 다음 다시 상승하는, 말하자면 '베이스 다지기' 형태가 있다. 펀더멘털에 문제가 있어 문제가 해결될 때까지 시간이 필요한 종목에서 이런 모습이 나타난다.

그러나 가장 흔한 패턴은 W형 바닥이다. W형 바닥은 저점으로 떨어졌다가 일정 부분 반등한 뒤 재테스트를 거쳐 상승추세로 돌아선다. 기업의 펀더멘털에 문제가 없거나 혹은 사소한 문제여서 심각한 타격을 입기 전에 좋은 방향으로 문제가 해결되는 경우 주가 조정이 끝나면 대개 이런 유형을 보인다.

W형은 투자자의 심리에 따라 여러 가지 형태로 나타난다. W형의 오른쪽이 왼쪽보다 더 높은 경우(그림 12.2), 같은 경우(그림 12.3), 낮은 경우(그림 12.4)로 나뉜다.

이 세 가지 유형을 각각 메릴 패턴으로 분류할 수 있으며 심리적으

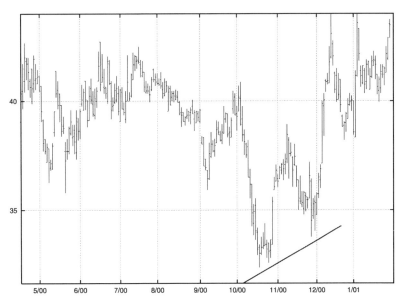

그림 12.2 두 번째 저점이 더 높은 W형

뉴욕 타임스 A, 200일. 앞선 저점보다 더 높은 수준에서 저점을 재테스트한다.

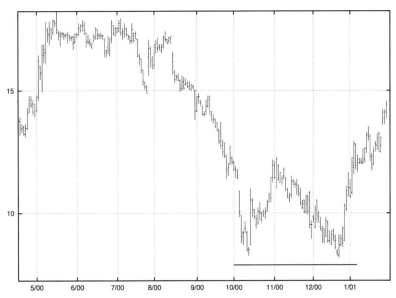

그림 12.3 첫 번째 저점과 두 번째 저점이 동일

제이시페니, 200일. 앞선 저점과 같은 수준에서 재테스트가 일어난다.

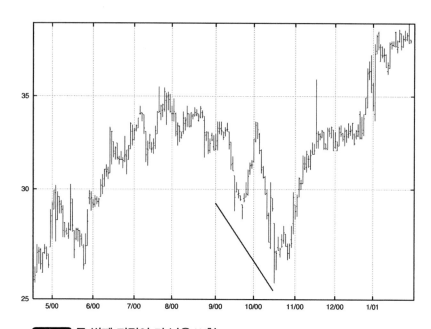

그림 12.4 두 번째 저점이 더 낮은 W형

스타우드 호텔, 200일. 앞선 저점보다 낮은 수준에서 재테스트가 일어난다.

로도 뚜렷하게 분류된다. W의 오른쪽이 높은 경우는 '좌절'이 투자자의 심리를 지배한다. 투자자들이 '적절한 재테스트'를 기다리는 사이 주가가 반등해 까마득히 치솟아버려 투자자는 닭 쫓던 개 지붕 쳐다보는 격이 된다. W4, W5, W10 등이 좋은 예가 된다.

W의 왼쪽과 오른쪽이 같은 경우는 투자자는 별 어려움 없이 재테스트 기간에 주식을 매수하고 빠른 시간에 보상을 받으므로 '만족감'이 지배적인 심리가 된다.

W의 오른쪽 저점이 왼쪽 저점보다 낮은 경우는 '두려움과 불안'이

군중을 지배한다. 좋은 예로 W2, W3, W8 패턴 등이 있다. 첫 저점에서 주식을 매수한 투자자들은 주가 폭락을 맞아 떨어져 나가고 다시 들어올 용기를 내지 못한다. 이때 신규 투자금이 몰려들어 신저점으로부터 주가를 끌어올린다. 기술적 분석가 리처드 위코프Richard D. Wyckoff는 이런 현상을 '스프링(용수철)'이라 불렀다.

W형의 왼쪽, 즉 첫 번째 저점은 대개 밴드 하단과 접하거나 밴드 하단을 이탈한다(그림 12.5). 반등으로 주가가 밴드 안으로 진입하면 중간 밴드를 건드리거나 중간 밴드를 돌파한다. 그런 다음 반락하여 볼

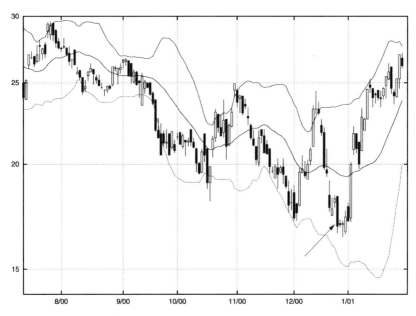

그림 12.5 W형 바닥, 볼린저 밴드

AT&T 와이어리스, 140일. 절대적 신저점이지만 상대적 신저점은 아니다.

린저 밴드 하단에서 두 번째 저점을 만드는 재테스트를 거친다.

여기서 말하는 '저점'이란 볼린저 밴드를 기준으로 한다는 점을 명심해야 한다. 첫 번째 저점이 밴드를 이탈하고 두 번째 저점이 밴드 안에서 일어난다면 절대적인 기준으로 두 번째 저점이 더 낮다 해도 상대적인 기준으로 두 번째 저점이 더 높은 것이 된다. 절대적인 기준으로는 W8이지만 상대적으로는 더 다루기 쉬운 형태인 W10이 될 수 있다는 얘기다. 따라서 볼린저 밴드는 가장 까다로운 패턴이면서 수익이 발생할 가능성도 큰 폭락국면에서 종목을 진단하고 대응할 수 있도록 도와준다.

두 번째 저점이 하단 밴드와 맞물려 일어나거나 하단 밴드를 이탈해 발생하는 경우, 그리고 상대적인 신저점을 찍는 경우를 예로 들어보자(그림 12.6). 이는 우리의 분류에 맞지 않으므로 유효한 W형 바닥이 아니다. 이런 진단이 불가능한 유형 때문에 길을 잃는다면 4장을 다시 읽어보기 바란다.

반드시 첫 번째 저점이 하단 밴드 아래에서 발생되어야 W형 바닥이 유효한 건 아니다(그림 12.7). 두 번째 재테스트의 주가가 상대적으로 더 높기만 하면 된다. 첫 번째 저점에서 주가가 하단 밴드를 건드리지는 않고 접근한 상태에서 2차 저점이 하단 밴드와 중간 밴드 사이의 지점에서 발생하면 된다. 이런 형태를 살피는 데는 %b가 유용한데 나중에 다시 논의하도록 하겠다.

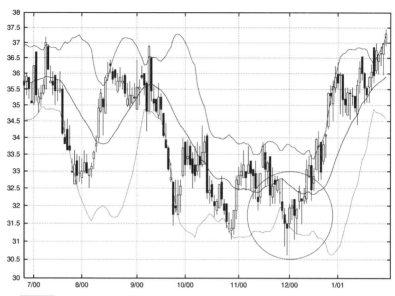

그림.12.6 W형 바닥, 볼린저 밴드

애쉬랜드, 150일. 주가가 하단 볼린저 밴드를 하회하면서 규칙을 깨는 일탈 발생.

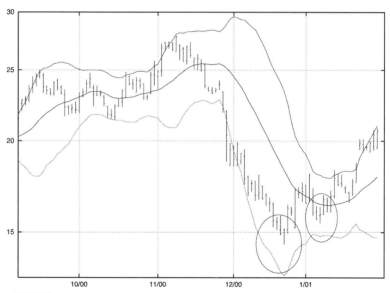

그림 12.7 W형 바닥, 볼린저 밴드

리미티드, 100일. 주가 저점이 밴드를 이탈하지 않고 W형이 밴드 안에서 형성된다.

이중 바닥, 즉 W형 바닥 같은 바닥형 구조는 그 안에 더 작은 구조를 내포하고 있는 경우가 종종 있다. 특히 시간 틀을 더 높은 수준으로 확대해보면 더욱 그렇다. 따라서 만약 일일 차트에서 형성되는 바닥형 패턴을 찾는다면 시간 차트에서 소규모 패턴을 찾아서 일일 차트에서 형성되고 있는 더 큰 패턴을 확증하라.

규칙에 맞는 W형을 찾았으면 그다음엔 무얼 해야 할까? 강세에 매수해야 한다. 평균 거래범위와 평균 거래량을 초월하는 반등일을 기다렸다 매수하라(그림 12.8). 그날이 패턴을 확증하고 반등을 위한 무대

그림 12.8 W형 바닥, 볼린저 밴드

셰브론, 150일. W형이 나타난 이후 거래범위와 거래량이 급격히 확장되면 매수 신호. 밴드가 확장되는 날 매수한다.

가 마련되는 날이기 때문이다.

손실제한 가격은 가장 최근의 저점, 즉 W형의 오른쪽 저점보다 낮아야 하며 손실제한 가격을 올릴 이유가 생기면 그때그때 조금씩 올려야 한다. 웰레스 와일더의 파라볼릭 시스템처럼 매일 손실제한 가격을 올릴 수도 있고 눈으로 차트를 확인하면서 가장 최근에 발생한 밀집 구간이나 되돌림의 최저점 바로 아래에 설정해두고 조금씩 올려도 된다. 이를 추격역지정가 주문이라 한다.

주가가 움직일 공간을 어느 정도 남겨두고 손실제한 가격을 설정하는 것이 바람직하다. 너무 공간을 타이트하게 잡으면 거래할 때마다 계속 손실이 날 수 있고 너무 공간을 넓게 잡으면 상당한 이익을 봤더라도 다시 원점으로 돌아가 이익을 날려버릴 수 있다. 충고하자면 처음엔 손실제한 가격을 조금 여유 있게 잡은 다음 위험/보상 거래가 자신의 스타일에 맞을 때까지 서서히 가격폭을 좁혀나가는 게 좋다.

저점을 분류하다 보면 비슷한 구조에서는 유사한 펀더멘털과 심리적 요인을 갖고 있다는 것을 알게 된다. 이 시점에서 우리의 목표와 기술적 분석의 목적을 상기해야 한다. 즉, 우리의 목표는 시장의 중요한 국면을 포착해 포지션의 승률을 높이는 것이다. 이것을 현실로 만들려면 우리가 보고 있는 패턴을 믿어야 하며 패턴을 믿으려면 구조를 형성해나가는 요소들을 이해해야 한다. 기술적 분석은 홀로 서 있는 '독립형' 과학이 아니다. 펀더멘털과 심리적 현실, 아니 더 정확하게 말하면 펀더멘털과 심리적 현실에 관한 예측에 따라 행동하는 '투자자의 행위'를 보여주는 것이다.

기술적 분석에서 쓰는 은어에는 다양한 셋업을 묘사하는 온갖 용어들이 난무한다. 어떤 것은 딱 부러지지만 어떤 것들은 애매모호하며 전혀 이해할 수 없는 용어들도 있다. 이러한 용어들이 얼마나 유용한지는 기저에 깔린 시장의 현실을 얼마나 잘 반영하느냐에 달려 있다.

일례로, 오른쪽 저점이 더 낮은 W형 바닥은 상승추세가 시작된 뒤 또 한 번의 재테스트를 거치면 종종 역머리어깨형이 된다(그림 12.9). W8이 주가등락을 두 번 더 거치고 나서 W14나 W16으로 완성되는

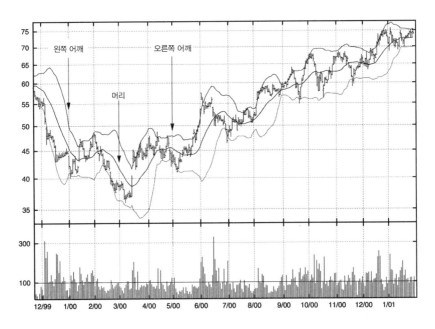

그림 12.9 역머리어깨형, W8, W10

PNC, 300일. 복잡한 W형은 역머리어깨형이 될 수 있다.

모양새다. 간단히 말해 상승추세가 발생한 뒤 초기에는 회의적인 투자자들이 많고 차익실현 매물로 주가가 하락하기 때문에 오른쪽 어깨가 생성된다. 역머리어깨형은 다음 장에서 다루게 될 천정형 구조에서 머리어깨형을 설명할 때 함께 살펴보겠다.

키 포인트! 이것만은 기억하자

- W형 바닥과 그 변종들은 가장 흔히 나타나는 패턴이다.
- 스파이크(V형) 바닥도 나타나지만 드물다.
- W형은 반전이 아니라 횡보로 전환될 수도 있다.
- 볼린저 밴드는 W형을 식별하는 데 유용하다.
- W형이 완성된 후 강세에 매수하라.
- 추격역지정가 주문을 설정해 위험을 조절하라.
- www.BollingeronBollingerBands.com에 매 거래일마다 W형 바닥을 보이는 주식 목록이 등재된다.

PART **13**

대표적인 천정 M형 패턴 포착

천정은 바닥과 여러 가지 면에서 서로 다르며 M형은 W형과 다르다. 속도, 변동성, 거래량, 정의 등 모든 것이 달라진다. 따라서 중요도를 따지면 천정형과 바닥형은 서로 비슷하지만 거울처럼 반드시 대칭을 이루지는 않는다.

M형과 W형 패턴은 심리와 함수관계를 맺고 있다. 패닉은 탐욕보다더 예민하고 강력한 감정이어서 차트 위에 더 선명하게 나타난다. 이에 따라 바닥형의 가장 전형적인 형태는 이중 바닥, 즉 W형 바닥이지만 천정은 보다 복잡해서 삼중 천정이 전형적이다. 패닉형 바닥처럼

천정형에도 상승추세가 급반전하는 스파이크형 천정(역 V형)이 있지만 비교적 드물게 나타난다. 그보다 흔히 나타나는 것이 M형 천정, 즉 이중 천정형이다. 상승과 되돌림으로 첫 번째 천정이 형성되고 재상승을 하면서 이전 고점 근처에서 저항선 테스트에 실패한 다음 하락추세가 시작되는 형태다. 그러나 가장 흔히 나타나는 유형은 삼중 천정형이며 흔한 변종으로 머리어깨형이 있다. (아마도 머리어깨형이 가장 많은 투자자들이 알고 있는 기술적 용어일 것이다.)

머리어깨형(그림 13.1 참고)의 형성 과정은 다음과 같다. 상승에 이은 소폭 되돌림으로 왼쪽 어깨가 형성된다. 다시 반등해서 신고점을 찍

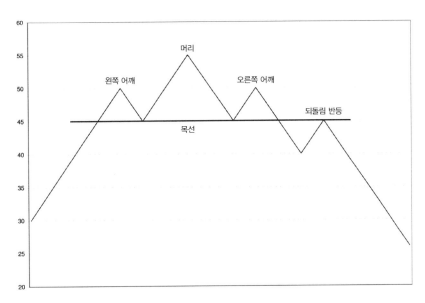

그림 13.1 이상적인 머리어깨형

가장 널리 알려진 천정형 차트 패턴이다.

으면서 머리가 형성되고 이어서 가파르게 후퇴하는데 대개 첫 번째 되돌림이 만든 저점 부근까지 하락한다. M15 패턴이 이 국면의 전형적인 모습이다. 마지막으로 반등하지만 신고점을 기록하는 데는 실패하고(이상적인 형태는 첫 번째 고점 가까이까지 반등하는 것) 첫 번째와 두 번째 하락 시에 형성된 주가 수준(이를 목선이라 부른다) 아래로 하락해 오른쪽 어깨가 형성된다. M15가 또 한 번의 주가 등락을 거치면 M12 혹은 M7로 변한다. 머리어깨형의 마지막 국면은 되돌림 반등으로 주가가 목선 근처까지 치고 올라간다. 이 과정을 거치면 M1 혹은 M3 패턴이 나오며 이후로는 주가가 쭉 내리막길을 걷는다. 머리어깨형에서 반등 시 거래량 역시 전형적인 패턴을 보인다. 왼쪽에서 거래량이 가장 많고 중간으로 가면서 거래량이 점차 줄어들다가 하락세가 진행되면서 다시 거래량이 늘어난다.

주가 패턴과 이에 수반되는 거래량은 기저에 깔린 투자자의 심리와 밀접한 연관관계를 맺고 있다. 머리어깨형의 왼쪽에서는 행복감과 탐욕이 지배하는데 이 시기에는 종종 떠도는 루머가 중요한 정보로 작용하기도 한다. 거래량도 많고 거래도 아주 활발하다. 종종 기대했던 루머가 언론보도로 발표되기도 하면서 상승을 재개해 머리가 형성된다. 하지만 신고점을 기록하긴 하지만 거래량으로는 확증되지 않는다. '소문에 사서 뉴스에 팔라'는 격언이 들어맞는 시점이다. 호재를 기대하고 매수한 사람이나 루머를 믿고 매수한 사람들이 차익실현을 위해 움직이기 때문이다. 이들과 함께 증시를 비관하는 사람들이 공매도에 나서면서 머리 오른쪽의 하락세가 형성된다. 그러면 낙관주의자들을 위한 마지막 무대가 마련되고, 이들의 힘없는 발작으로 오른쪽 어깨가 생성된다. 이 지점에서 투자자들의 행동은 산만하고 거래량도 줄어든다. 그 이후 하락세가 자리를 잡으면서 목선이 붕괴되면 두려움이 엄습하면서 거래량이 다시 늘어난다. 그런 후 마지막으로, 하락을 기대하고 고점 부근에서 공매도한 투자자들이 환매에 나서면서 목선 근처까지 되치고 올라온다. 이렇게 되치고 올라오면서 반등하는 시기, 즉 되돌림 반등이 일어났을 때가 빠져나올 수 있는 마지막 기회다. 앞으

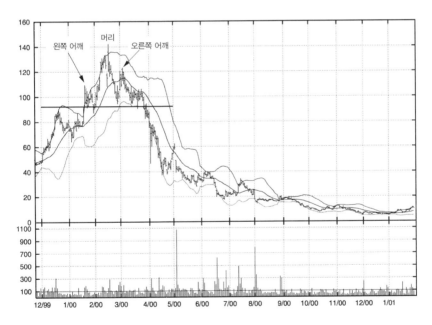

그림 13.2 머리어깨형의 실례

비쉐이, 250일. 머리어깨형은 완벽한 형태로 나타나는 법이 거의 없으므로 중요한 요소를 포착해 패턴을 인식해야 한다.

로는 주가가 하락일로이므로. 그림 13.2에서 실례를 살펴볼 수 있다.

다행히도 볼린저 밴드는 이 모든 상황을 진단하는 데 큰 도움이 된다. 천정형을 다루는 가장 손쉬운 방법은 여러 부분으로 나누어 M형과 W형의 연속으로 보는 것이다. 작은 패턴이 큰 패턴보다 다루기가 쉽지만 먼저 전형적인 큰 패턴부터 살펴보자.

전형적인 패턴은 왼쪽 어깨가 볼린저 밴드 상단 바깥에 있고 머리는 상단 밴드를 태그하며 오른쪽 어깨가 상단 밴드에 훨씬 못 미치는 형태다(그림 13.3). 이상적인 형태는 목선이 오른쪽 어깨 부분에서 중간

그림 13.3 머리어깨형과 볼린저 밴드
S1, 300일. 조금 어지럽지만 모든 요소가 다 들어 있다.

밴드와 일치하고 첫 번째 주가 하락이 하단 밴드에서 멈추는 것이다. 되돌림 반등은 중간 밴드에서 멈추고 마지막으로 하단 밴드를 이탈하면서 급락한다. 이것이 이상적인 패턴이긴 하지만 모든 면에서 완벽한 패턴이 나타날 확률은 낮다. 이 규칙들 중 몇 가지를 지키는 패턴이 훨씬 더 자주 나타난다.

머리어깨형 패턴의 가장 흔한 변종으로 꼭 알아두어야 할 것은 주가가 세 차례 치고 올라가면서 고점을 찍는 구조다(그림 13.4). 이 패턴은 종종 장기간에 걸친 대규모의 천정형 패턴에 앞서 나타나기도 한다.

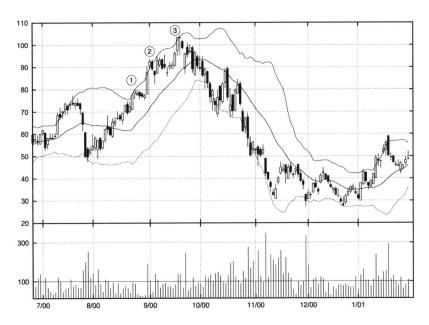

그림 13.4 세 차례 급등 뒤 천정 형성
주니퍼. 200일. 마지막 고점 뒤 나타나는 두드러지게 긴 음봉에 주목하라.

전형적인 패턴의 모습을 보면 첫 번째 주가 상승이 상단 밴드 바깥에 있고 두 번째 상승으로 신고점을 찍으며 종종 상단 밴드를 건드린다. 세 번째 상승으로 전고점을 소폭 웃도는 신고점을 기록하지만 밴드를 건드리지는 못한다. 거래량은 패턴을 거치면서 점차 감소한다. 이는 모멘텀 형성에 실패한 경우로 많은 종목이 천정을 칠 때 이런 양상을 보인다. M15와 M16이 전형적인 구조다.

머리어깨형 구조의 첫 부분은 왼쪽 어깨와 머리로 구성되는 M 구조를 보인다. M14와 M15 패턴 혹은 둘을 섞은 패턴이 전형적이다. 다음 부분 역시 머리와 오른쪽 어깨로 구성되는 M 구조를 보인다. M3과 M4 혹은 M7과 M8이 전형적인 오른쪽 어깨 패턴이다. 마지막 부분 역시 오른쪽 어깨와 되돌림 반등으로 구성되는 M형이며 M1과 M3이 전형적인 모습이다. 하지만 머리 뒤 첫 번째 바닥이 시작되는 곳부터는 이 패턴을 W형으로 분석할 수 있다. 고점은 낮아지고 저점도 계속 낮아질 가능성이 커지면서 하락추세가 예상되기 때문이다. 되돌림 반등을 살펴보려면 W1 혹은 W2를 보면 된다. [1]

물론 M형과 W형이 나타날 때마다 따로 떼어내서 더 자세히 분석하고 싶다면 머리어깨형에는 모두 다섯 개의 M과 W를 찾을 수 있고 각각 타당성을 검증할 수 있다. 그러나 작은 패턴에서 셋업을 찾는 단기 투자자가 아니라면 그럴 필요는 없다. 포지션 트레이더라면 패턴이 모양을 갖추는 과정과 패턴의 동향을 관찰하는 것으로 충분하다.

바닥형과 마찬가지로 머리어깨형 같은 천정형 구조 역시 그 안에 작은 구조들을 내포하고 있다. 특히 수준을 확대해서 보면 그 안의 작은 구조들이 훨씬 쉽게 발견된다. 따라서 일일 차트에서 형성되는 머리어 깨형을 찾고 있다면 시간 차트에서 형성되는 소규모의 패턴들을 살펴 보면 된다. 시간 차트의 소규모 패턴들은 일일 차트에서 더 큰 규모의 패턴을 확증한다.

타당한 패턴을 발견하더라도 공매도로 진입하기 전에는 이 진단을 확증할 약세 신호를 기다려야 한다. 즉 거래량 평균 이상, 거래범위 평균 이상인 날과 비교해 약세인 날을 찾아야 한다. 앞 장에서 언급하지

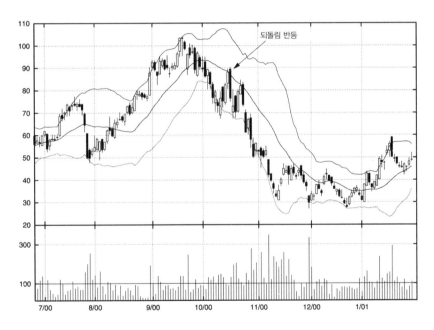

그림 13.5 되돌림 반등이 일어나면 공매도 진입

인티그레이티드 디바이스, 150일. 되돌림 반등은 리스크가 낮은 공매도 진입 포인트다.

않은 시장 진입의 성공 요소가 있는데 그건 바로 인내심이다. 종종 약세 신호가 나타난 이후에도 추세를 거스르는 반등이 발생하는데 이때가 완벽한 진입 시점이다. 예를 들어 목선이 붕괴된 뒤 되돌림 반등이 일어나면 완벽한 진입 시점이다(그림 13.5).

물론 바닥형에서도 이런 현상이 나타나지만 바닥형은 천정형보다 더 말끔한 편이다. 많은 전문 트레이더들이 시장에 진입하기 전 이러한 유형의 셋업을 찾는다. 되돌림 반등이 일어난 꼭짓점 바로 위에 손실제한 가격을 설정하면 위험/보상 비율을 정확히 산출할 수 있기 때문이다. (이는 아주 훌륭한 위험/보상 비율 산출 방식이다.)

바닥형과 마찬가지로 천정형 패턴에서도 상대성이 핵심이다. 많은 경우 절대적인 신고점을 찍더라도 신중하게 전망해야 한다. 올바른 전망을 돕는 유일한 장치는 볼린저 밴드다. 밴드를 돌파하는 고점이 형성된 뒤 밴드 내에서 신고점을 찍는다면 항상 의심해야 한다. 특히 두 번째 (신)고점이 상단 밴드를 건드리지 못할 때는 더욱 경계해야 한다. 볼린저 밴드야말로 신고점(그리고 신저점 역시)을 일관되게 알려주는 유일한 접근법이다.

다시 한 번 명확한 일련의 과정을 나열한다면 상단 밴드 밖에서 고점이 형성된 후 되돌림 발생, 상단 밴드를 건드리는 반등, 되돌림, 그리고 마지막으로 상단 밴드에 못 미치는 반등이 발생한다. 제4부에서는 이 정보와 지표를 결합해 종목의 주요 국면을 인식하는 능력에 확신을 얻도록 하자.

- 천정형은 바닥형보다 훨씬 복잡하며 진단하기도 어렵다.

- 가장 널리 알려진 천정형은 머리어깨형이다.

- 세 번의 상승으로 고점을 기록하는 패턴도 자주 나타난다.

- 전형적인 천정형 패턴은 모멘텀이 지속적으로 약화된다.

- 약세 신호를 기다리라.

- 되돌림 반등을 찾아 공매도하라.

- www.BollingeronBollingerBands.com에 매 거래일마다 M형 천정을 보이는 주식 목록이 등재된다.

PART 14

추세 지속을 알리는
밴드 타기

지금까지 천정과 바닥을 논의했다. 그렇다면 지속형 추세일 때는 어떻게 해야 할까? 아마도 추세가 지속되는 구간이 트레이딩을 관리하는 데 가장 어려운 영역일 것이다. 밴드나 엔벌로프, 채널을 활용할 때 가장 저지르기 쉬운 실수가 있다면 무턱대고 상단 밴드 태그에 매도하거나 하단 밴드 태그에 매수하는 것이다. 태그가 더 큰 패턴의 일부이거나 지표로 확증된다면 사실상 매수 신호나 매도 신호가 될 수 있다. 그러나 다시 한 번 말하지만 그렇지 않을 수도 있다. 밴드 태그는 그 자체만으로는 신호로서 어떤 역할도 하지 못한다.

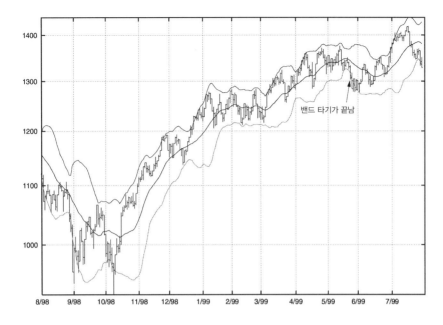

밴드 타기가 끝남

그림 14.1 S&P500 지수와 볼린저 밴드

1998년 가을~1999년 봄. 주가가 상단 밴드를 계속 타고 오르며 하단 밴드는 건드리지 않는다.

　　미국 주식시장은 볼린저 밴드의 상단을 태그한다는 것이 반드시 매도 신호가 되지는 않는다는 좋은 예다(그림 14.1). 1998년 6월 주식시장은 극심한 조정을 받고 있었다. 1998년 10월 저점을 탈출하면서 조정이 끝나고 W8 바닥이 자리를 잡자 S&P500 지수가 강한 상승국면으로 들어서 이듬해까지 상승이 지속된다. 이 상승국면에서 주가가 상단 밴드를 건드리는 태그가 수없이 일어난다. 저점을 탈출한 뒤 불과 8일 뒤에도 상단 밴드 태그가 발생한다. 하지만 이 태그들 중 매도 신호는 하나도 없다. 적어도 중기 트레이더들에게는 매도 신호가 없다.

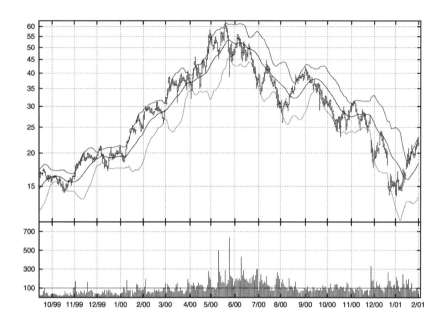

그림 14.2 밴드를 타고 상승한 뒤 M형 천정 형성

비쉐이, 350일. 종가가 밴드 밖으로 빠져나오면 추세가 지속된다는 신호다.

이런 일련의 태그를 '밴드 타기'라고 부르며 지속형 추세에서 자주 나타난다.

상승세가 지속될 동안에는 계속 상단 밴드 태그가 발생하고 대개 종가가 밴드 밖으로 빠져나오는 날도 여러 번 발생한다(그림 14.2). 주가 하락 시에는 주가가 수시로 하단 밴드를 태그하거나 하단 밴드 아래로 이탈한다. 주가가 밴드 밖으로 빠져나온 것을 레그leg라 한다. 이처럼 종가들이 밴드 밖으로 빠져나오면 반전 신호가 아니라 지속 신호다. 밴드 밖으로 빠져나온 종가들이 반전 신호로 이어지는 패턴의 첫 부분

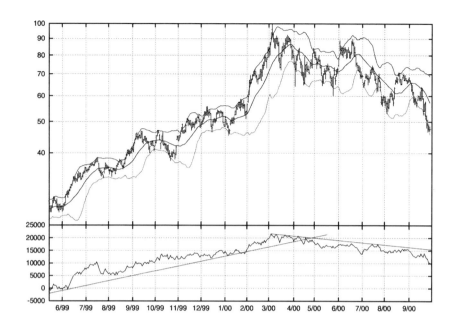

그림 14.3 밴드를 타고 상승하는 주가와 일중강도(II), 개방형

텍사스 인스트루먼트, 350일. 지표가 하락하면서 주가 움직임을 확증한다.

이 될 수도 있지만 대개는 그 자체만으로는 반전이 아니다. 지표로 확증되지 않은, 즉 지표 미확증 봉우리나 계곡이 밴드 안에서 발생해야 패턴의 형성으로 볼 수 있다.

거래량 오실레이터, 특히 일중강도[II] 지표와 매집/분산[AD; Accumulation Distribution] 지표(이 지표들에 대해서는 이후에 자세히 설명)를 개방형 그래프로 그리면 주가가 '밴드를 타는' 기간을 진단하는 데 아주 유용하다(그림 14.3). [1] 이 지표들은 개방형 지표로 그리면 추세를 설명하는 기술어[記述語]처럼 움직이기 때문에 시장이 추세를 보일 때 오

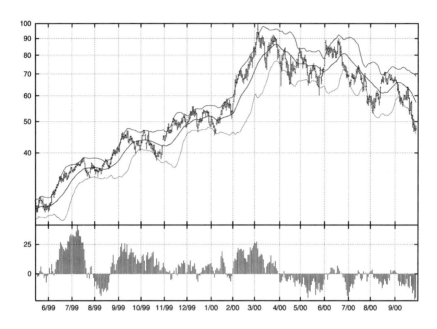

그림 14.4 밴드를 타고 상승하는 주가와 일중강도(II), 폐쇄형

텍사스 인스트루먼트, 350일. 천정이 형성될 때까지 지표는 플러스였다가 이후 마이너스로 돌아선다.

실레이터보다 주가와 직접 비교하기가 더 쉽다. 더 분명하게 비교하려면 일중강도II나 매집/분산AD 지표를 주가와 같은 클립에 놓되 척도를 달리하면 된다.

폐쇄형으로 일중강도II나 매집/분산AD 지표를 표시하면 밴드 태그가 발생할 때 지표도 유사한 움직임을 보이는지 확인하는 데 아주 유용하다(그림 14.4). 21일 II%가 태그와 반대 움직임을 보이면 추세가 끝났다는 신호다. 소규모 다이버전스를 각별히 조심하라. 지표가 전고점들 근처로 진입할 때는 특히 더 그렇다.

그림 14.5 지지선 역할을 하는 이동평균

아처 대니얼스, 100일. 적절한 이동평균을 선택하면 지지선 역할을 해 추세를 알 수 있다.

이를테면 주가가 상단 밴드 위로 빠져나오는 각각의 레그 발생 시 21일 II%가 지속적으로 하단 20퍼센트 영역에 머문다면 주목해야 한다. 하단 19~20퍼센트 영역에 머무는 것은 아직까지 매도 신호는 아니지만 경고 신호는 될 수 있다. 첫 번째 다이버전스들은 대개 경고 신호에 불과하지만 이후 천정이나 바닥이 형성되는 더 분명하고 의미 있는 다이버전스들이 뒤따르게 된다.

선택한 이동평균이 종목과 잘 맞는다면 즉, 중기 추세를 잘 드러낸다면 주가가 상·하단 밴드를 타는 동안 이동평균이 되돌림의 지지선

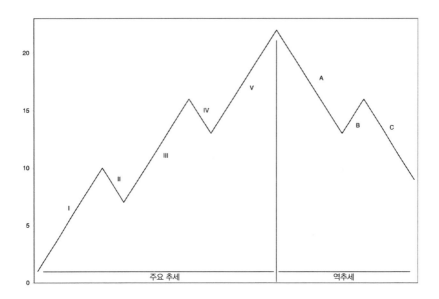

그림 14.6 기본적인 엘리어트 파동 패턴

역할을 하는 경향이 있다(그림 14.5). 이 지지점은 진입, 추가 매수 혹은 재진입에 아주 좋은 기회가 된다. 천정과 마찬가지로 이러한 지지점들은 위험/보상 비율이 탁월하다. 만약 틀린 판단을 했다면 금방 알게 될 것이고 옳은 판단을 했다면 큰 수익을 얻을 수 있다.

상·하단 밴드를 타게 되면 종종 밴드 밖으로 빠져나오는 주요 레그가 생긴다. R. N. 엘리어트R. N. Elliott의 파동이론을 비롯해 여러 학파에서 상·하단 밴드 밖으로 세 개의 레그가 빠져나오면서 조정을 받는 현상이 추세 내에서 패턴이 형성되는 전형적인 모습이라고 주장했다(그림 14.6). [2] 이 이론들은 밴드 위를 걷듯이 타고 가는 현상이나 시장 움직임의 다른 국면을 진단하는 데 유용한 지침이긴 하지만 절대적으로 신뢰할 수는 없다. 왜냐하면 하나의 추세가 지속되는 동안 발생하는 레그의 수는 종종 세 개가 아니라 더 많을 수도 있기 때문이다. 그럴 경우 주가가 밴드 밖으로 빠져나가는 동력이 약해지면 종종 상승추세 혹은 하락추세가 끝나고 있다는 경고가 된다.

엘리어트 규칙이나 지침을 적용할 때 아주 중요한 사항이 있다. 너무 곧이곧대로 적용하지 말아야 한다는 것이다. 내가 일어났으면 하고 기대하는 일을 따르지 말고 언제나 시장에서 실제로 벌어지는 일에 발을 맞추라. 실제로 어떤 시스템들은 규칙을 곧이곧대로 따르는 트레이더들에게 큰 손해를 입히는 경우가 허다하다.

이 책의 주제는 아니지만 엘리어트나 갠의 접근법에는 분명 일면의 진리가 담겨 있다. 그러나 대중에게 선전되는 것처럼 완전무결한 접근법은 아니다. 오랜 기간 시장을 관찰해서 만들어진 것들로 많은 지혜를 담고 있으니 이런 규칙들을 활용하는 것은 이로운 일이다. 그러나 신중하게 활용하기 바란다. 시장은 이런 규칙을 따라야 하는지 모를 뿐더러 규칙 자체가 있는지도 모르기 때문에 때때로 어기곤 한다. 그러면 교리에 충실한 신봉자들은 지침이 없어 길을 잃고 헤매게 되는데 이는 그나마 나은 경우고, 최악의 경우 잘못된 지침을 고집스레 적용하다 손실을 보게 된다.

투자에는 단순한 정답이 없다. 투자는 어렵고 복잡한 작업이다. 항상 그랬고 앞으로도 영원히 그럴 것이다. 단순한 시스템으로는 충분하지 않다. 파동이 일 때마다 다른 소음이 들려온다. 매일이 중요하지만 더 중요한 날이 또 있다. 위험/보상 변수를 계량화할 수 있는 셋업만이 우리가 따를 만한 합리적 시스템이다. 부수적인 데이터나 기법을 활용해 신뢰도를 높이는 건 좋다. 단, 무엇을, 어떻게 활용할지 신중을 기하라.

나는 당신에게 모든 툴을 계량화하라고 권하고 싶다. 이 책이 제시하는 모든 개념은 계량화할 수 있으며 당신도 그렇게 하길 바란다. 계량화 과정이야말로 성공 트레이딩의 확신을 높이는 첫 걸음이다. 왜 당신을 위해 누군가 대신 해주지 않는가? 그럴 수가 없기 때문이다. 자신의 위험/보상 기준을 알고 있는 사람은 자신뿐이다. 하나의 접근법이 자신에게 통할지 어떨지는 자신만이 알고 있다. 시스템을 검증하는 쪽에서는 그 자체로 사용되리라 가정하지만 정작 시스템을 쓰는 사람은 어떤 시스템이든 처음부터 나름대로 수정해서 쓰기 마련이다. 어떤 시스템은 너무 변동성이 크고 어떤 시스템은 너무 느리다. 성공으로 가는 길은 이 책에서 제시한 개념들을 고찰한 후에 각자에게 적합하다고 생각되는 것을 직감으로 고른 다음 각자의 트레이딩 방식과 종목에 시험해보고 잘 통하는지 보는 데서 시작된다. 누가 어떤 시스템이 잘 통한다고 아무리 장담해도 그게 자신에게 통할지는 두고 봐야 아는 문제다.

단순한 접근법을 원한다면 이 책에 제시하는 세 가지 기법 중 하나를 선택해 시험해보라. 자신의 필요와 과정에 맞춰 수정하라. 그러나

이 책에 제시된 개념들을 당신이 이미 사용하고 있는 접근법에 통합하는 편이 성공률이 높다. 이렇게 하면 이미 알고 있는 것과 이 책이 제시하는 것의 장점을 모두 취할 수 있다.

키 포인트! 이것만은 기억하자

- 주가가 밴드를 타는 현상은 꽤 흔히 일어난다.
- 밴드 태그가 일어났다고 해서 그 자체로 매수 혹은 매도 신호가 되는 건 아니다.
- 지표들은 태그의 확증 여부를 가려내는 데 도움이 된다.
- 추세가 지속되는 동안 이동평균은 지지선과 진입 시점을 알려준다.
- www.BollingeronBollingerBands.com에는 미리 선별된 리스트가 제시되고 있으며 www.EquityTrader.com에는 매일 상·하단 볼린저 밴드를 타는 종목 리스트가 제공된다.

PART 15

밴드의 수축과 확장을 활용하는 스퀴즈

　지금까지 볼린저 밴드로 천정과 바닥을 진단하는 과정을 살펴보고 주가가 밴드 위를 걷듯이 타는 현상을 고찰했다. 제4부에서는 의사결정 과정에 지표를 추가할 것이다. 하지만 그전에 먼저 독자적으로 이용할 수 있는 중요한 밴드 활용법, 스퀴즈부터 살펴보자.

　스퀴즈는 볼린저 밴드와 관련해 가장 많은 질문이 쏟아지는, 인기 있는 주제다. 밴드가 갑자기 확 수축하거나 오랫동안 수축했다가 폭발적으로 활짝 벌어지면 눈길이 안 갈 수가 없다. 먼저 스퀴즈에 대해 설명하고 스퀴즈를 진단할 수 있는 툴을 소개하겠다. 다음으로 변동성에 관한 배경지식을 제시하고 스퀴즈 발생 시 트레이딩할 수 있는 몇 가지 방법을 살펴보겠다.

볼린저 밴드는 변동성을 추진력으로 하여 생성되며 스퀴즈는 순수하게 그러한 변동성을 반영한다. 변동성이 사상 최저 수준으로 떨어지면 스퀴즈가 도래한다. 밴드폭(표 15.1 참고)은 스퀴즈를 측정하기 위해 고안된 지표다.[1] 밴드폭이 이동평균과 변동성의 관계를 보여주므로(그림 15.1) 종목별, 시기별, 시장별로 비교가 가능하다. 앞서 보았듯이 변동성은 시간에 따라 변화가 심한데 이러한 변화가 바로 스퀴즈의

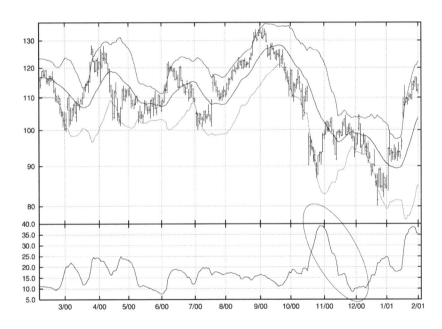

그림 15.1 볼린저 밴드와 밴드폭

IBM, 250일. 밴드폭이 20일 사이에 40퍼센트에서 10퍼센트 이하로 떨어진다.

핵심이 된다. 스퀴즈란 변동성이 극히 낮은 수준까지 떨어져 변동성의 증가를 예고하는 상황을 말하며, 밴드폭이 6개월 최저 수준으로 떨어질 때 촉발된다. [2]

표 15.1 밴드폭 산출 공식

(상단 BB − 하단 BB) ÷ 중간 BB

몇 년 동안 주가는 사이클도 없고 예측도 불가능하지만 변동성은 사이클이 있고 예측도 가능하다는 학설이 있었다. (9장 '통계'를 다시 읽어 봐도 좋다.) 주가도 사이클을 보이고 예측할 수 있는 요소가 분명히 있지만 변동성은 더 확실한 사이클을 보이며 예측 가능성도 높다.

이를테면 미국 주식시장에는 강력한 주기적 추세가 있다. 연간 및 4년 패턴이 분명히 나타나며 이를 활용하면 아주 유용하다. 또한 4년 주기로 연간 주기의 변화를 상당 부분 설명할 수 있다. 존 엘러스John Ehlers는 상품 가격에는 유용한 단기 사이클 정보가 있다고 주장했다. 따라서 주가에는 사이클도, 예측 가능성도 없다는 명제는 과장된 측면이 있다. 반면 변동성은 사이클을 갖고 있으며 예측 가능하다는 주장에는 충분한 증거가 있다.

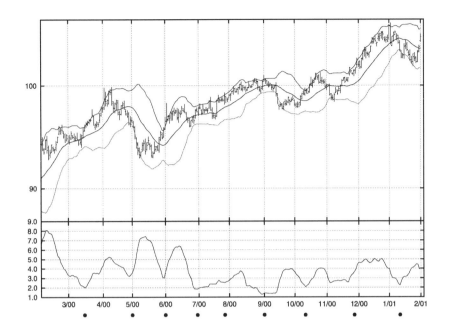

250일. 채권시장에서는 변동성 사이클이 아주 뚜렷하다.

이를테면 재무부 채권 선물과 밴드폭을 표시한 그림 15.2를 살펴보자. 차트에서 19일 변동성 사이클을 분명히 볼 수 있으며 하나의 사이클은 종종 중요한 전환점이 된다. 또한 변동성 이론의 가장 중요한 측면, 즉 낮은 변동성은 높은 변동성을 낳고 높은 변동성은 낮은 변동성을 낳는다는 사실을 뚜렷하게 보여주고 있다. 고요한 날에는 폭풍우를 예상하라. 폭풍우가 몰아치면 고요한 날을 예상하라.

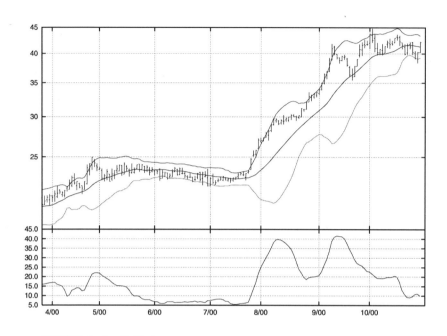

그림 15.3 스퀴즈와 돌파

PPL, 150일. 낮은 변동성은 높은 변동성을 낳는다.

계속해서 스퀴즈가 일어나면 밀집이 시작되고 거래범위가 확 좁아
진다. 이동평균은 거의 드러눕다시피 되어 일일 주가 바bar의 중앙 부
분에 걸쳐진다. 그리고 볼린저 밴드도 주가 주위로 타이트하게 좁아
진다(그림 15.3). 멍석이 깔린 셈이다. 이제 지표를 살펴보자. 상승일에
거래량이 증가했는가? 매집/분산AD 지표가 올라갔는가? 하락일에 거
래범위가 좁아졌는가? 시가와 종가의 관계는 어떠한가? 이들 각각의
증거가 최종 방향을 예측하는 데 도움을 준다. 그리고 뉴스를 예의주
시하라. 뉴스가 촉매제가 되는 경우가 많다.

그림 15.4 스퀴즈, 헤드 페이크, 돌파

어도비, 100일. 어느 쪽으로 움직이는 듯하다가 바로 방향을 바꾼다.

그렇지만 트레이더들이여 조심하라! 스퀴즈에는 헤드 페이크head fake라는 요상하게 돌아가는 운명의 수레바퀴가 있다(그림 15.4). 스퀴즈가 끝나갈 때가 다가오면 주가는 잠시 속이는 동작을 취했다가 갑자기 방향을 틀어 급격히 오른다. 이러한 헤드 페이크는 몇 해 전 S&P 500 지수 선물시장에서 처음 관찰되었고 이후 수많은 사례들이 나타났다.

헤드 페이크에 대처하려면 주가 움직임이 충분히 성숙해 새로운 추세가 확실히 자리를 잡을 때까지 기다려야 한다. 혹은 처음부터 스퀴즈에 진입하고 싶다면 헤드 페이크의 방향으로 포지션을 취하면 된다. 그러고 나서 웰레스 와일더의 파라볼릭처럼 포지션에 근접한 수준에 손실제한 주문을 넣고 속임수 움직임이라는 것이 판명되면 반대 포지션으로 전환하라. [3] 이때 필요한 것이 추격역지정가 주문이다. 이는 상품 트레이더들이 자주 쓰는 기법으로 이들은 대개 주가가 변할 때마다 롱에서 숏으로 포지션을 바꾸면서 언제나 시장에 참여한 상태를 유지한다.

스퀴즈가 낮은 변동성을 반영하고, 낮은 변동성은 높은 변동성을 불러온다면 반대 기능도 있을까? 당연히 있다. 바로 역스퀴즈인 확장이다. 하지만 바닥이 천정보다 훨씬 명료한 현상이므로 스퀴즈가 확장보다 더 뚜렷하게 나타난다.

확장에서 중요한 규칙이 나온다. 강력한 추세가 탄생하면 변동성이 너무 커져서 상승추세에서 하단 밴드가 아래로 기울거나 하락추세에서 상단 밴드가 위를 향하여 밴드폭이 급격히 넓어진다. 이런 현상이 바로 확장이며, 확장이 다시 반전되면 추세가 끝날 확률이 매우 높다(그림 15.5). 그렇다고 모든 움직임이 끝난 건 아니다. 추세가 지속되는 구간이 또 다시 나타날 수도 있다. 하지만 어쨌든 현재의 동력은 대체로 소진되었다고 봐야 한다. 모두가 추세의 지속을 바라겠지만 밀집이나 반전을 예상하는 것이 현실적이다. 전략적인 관점에서 볼 때 밀집이나 반전은 기존 포지션의 반대로 옵션을 매도할 타이밍이다. 옵션 프리미엄이 아주 높기 때문이다.

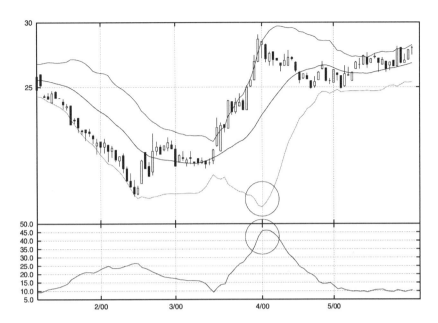

그림 15.5 밴드폭이 크게 확장되어 방향이 바뀌는 모습, 추세의 끝

어메리컨 파이낸셜 그룹, 100일. 주가가 최고점에 달하면서 변동성도 최고점에 이른다.

다음 장에서는 첫 번째 기법인 변동성 돌파 시스템에서 스퀴즈를 활
용하는 방법을 살펴보겠다.

키 포인트! 이것만은 기억하자

- 낮은 변동성은 높은 변동성을 낳는다.
- 높은 변동성은 낮은 변동성을 낳는다.
- 헤드 페이크를 조심하라.
- 지표를 이용해 방향을 예측하라.
- www.BollingeronBollingerBands.com에 스퀴즈 리스트가 등재된다.

PART **16**

매매기법 I :
변동성 돌파

이 책에서 제시하고 있는 볼린저 밴드를 이용한 세 가지 매매기법은 전혀 다른 세 가지 원리를 바탕으로 한 접근법들이다. 당신에게 어느 쪽이 맞는지 나로서는 알 수 없다. 가장 편하게 활용할 수 있는 기법이 무엇인지 하나하나 직접 시험해보라. 각자의 기호에 맞게 원리들을 조금씩 변용해 '맞춤 전략'을 구축한 뒤 트레이딩 결과를 보고 계속 활용할 수 있을지 판단하라.

이 기법들은 우리가 사용하는 기본 시간 틀인 일일 차트를 토대로 발전시킨 것이지만 단기 트레이더라면 5분 바 차트, 스윙 트레이더라면 시간 차트나 일일 차트, 트레이더가 아니라 투자자라면 주간 차트를 이용할 수 있다. 각자의 위험/보상 기준에 적합하게 조율하고, 각자가 참여하는 시장에서 시험을 거치고, 각자의 트레이딩 방식에 따라 테스트하기만 한다면 실질적인 차이는 없다. '맞춤' 전략과 위험/보상 변수의 '조율'을 계속해서 강조하는 이유가 뭔지 알겠는가? 아무리 훌륭한 시스템이라 해도 사용자에게 편안하게 맞지 않으면 소용이 없기 때문이다.

이런 질문을 자주 듣는다. "이 기법들이 그렇게 잘 들어맞는다면 왜 그걸 남한테 가르쳐주는 거죠?" 나는 늘 이렇게 대답한다. 첫째 가르쳐주기를 좋아해서다. 둘째 가르치면서 배우기 때문이다. 아마도 이게 가장 중요한 이유일 것이다. 이 책을 쓰기 위해 조사하고 준비하는 과정에서 많은 것을 배웠고 원고를 집필하면서 더 많은 것을 배울 수 있었다.

"책으로 출판된 뒤에도 이 기법들이 계속 유효할까요?" 많은 사람들이 이런 걱정을 하지만 전혀 그럴 필요가 없다. 시장 구조가 일대 지각변동을 일으킨다면 모를까 그렇지 않는 한 이 기법들은 유효하다. 또 아무리 많은 사람들에게 가르쳐준다고 해도 이 기법들의 유효성이 소멸되지 않는 이유는 개개인마다 다르게 사용하기 때문이다. 동일한 시스템을 100명에게 가르치더라도 한 달 뒤에는 배운 대로 사용하고 있는 사람은 많아야 겨우 두세 명 정도일 것이다. 각자 취향과 스타일에 맞게 수정해서 사용하기 때문이다. 간단히 말해 책에서 아무리 구체적이고 단정적으로 서술한다고 해도 독자마다 자신만의 발상과 접근법을 도출한다. 그리고 이렇게 하는 것이 옳다.

볼린저 밴드에 관한 가장 잘못된 통념이 있는데 바로 상단 밴드에서 매도하고 하단 밴드에서 매수하라는 것이다. 그런 식으로 될 때도 있지만 반드시 그렇지는 않다.

내가 제시하는 세 가지 매매기법은 다음과 같이 작동한다. 기법 Ⅰ에서는 상단 밴드를 돌파할 때 매수하고 하단 밴드를 하향 이탈할 때 공매도한다.[1] 기법 Ⅱ에서는 상단 밴드에 접근하며 지표가 강세를 확증할 때만 강세에 매수하고 주가가 하단 밴드에 접근하며 이번에도 역시 지표가 약세를 확증할 때만 약세에 매도한다. 기법 Ⅲ에서는 W형 패턴을 이용해 지표가 셋업을 뚜렷하게 확증할 때 하단 밴드 부근에서 매수하고, 상단 밴드에 일련의 태그가 일어나며 약세 지표가 수반될 때 상단 밴드 근처에서 매도한다. 또한 지표가 밴드 태그를 확증하는지 확인할 필요 없이 매수와 매도 지점을 포착하는 변형 기법도 소개하겠다.

스퀴즈를 활용하는 기법 Ⅰ은 변동성의 특성상 사이클을 보인다는 점과 지극히 낮은 변동성은 높은 변동성을 예고하는 전조가 된다는 점을 이용해 높은 변동성을 기대한다.

몇 해 전 《상품 거래자/소비자 보고서Commodity Trader's Consumers Review》의 고故 브루스 밥콕Bruce Babcock이 나를 인터뷰한 적이 있었는데, 한참 얘기하다 보니 내가 밥콕을 인터뷰하는 양상이 되어버렸다.

알고 보니 밥콕이 상품 거래에서 가장 선호하는 기법이 변동성 돌파여서 자꾸 묻느라 그리 된 것이다. 처음에 나는 무척 놀랐다. 수많은 트레이딩 시스템을 누구보다 열정적으로 연구한 사람이 도착한 결론이 변동성 돌파 시스템이라니니! 나 역시 그토록 열심히 연구한 끝에 최선으로 선택한 트레이딩 기법이 아닌가! 밥콕에 비견할 만한 인물이라면 퓨처스 트루스Futures Truth 사 대표 존 힐John Hill 정도밖에 없었다.

사실 볼린저 밴드를 가장 명쾌하고 직접적으로 응용하는 방법이 변동성 돌파 시스템이다. 이 시스템은 오랜 역사를 갖고 있으며 다양한 변종과 형태가 존재한다. 가장 초기 형태의 돌파 시스템은 조금씩 오르내리는 고점과 저점의 단순 이동평균을 이용했다. 그런데 점차 시간이 지나면서 ATRAverage True Range, 평균 실질변동폭이 중요한 요소로 언급되고 있다. [2]

변동성이 지금 우리가 활용하는 방식대로 하나의 요소로 편입된 시기가 언제인지는 알 길이 없지만 아마 어느 날 누군가가 이동평균, 밴드, 엔벌로프 등이 점차 수렴할 때 돌파 신호가 제대로 작동한다는 점을 주목했을 것이고 여기서 변동성 돌파 시스템이 탄생했을 것이다. (물론 위험/보상 변수는 밴드가 좁을 때 다른 요소들과 더 정밀하게 어울린다. 어떤 시스템이든 밴드가 주요 변수가 된다.)

유서 깊은 변동성 돌파 시스템을 토대로 우리가 만든 시스템은 밴드폭을 활용해 필수조건이 충족된 다음 돌파가 발생할 때 포지션을 취하도록 한다. 손실제한이나 청산에는 두 가지 방식이 있다. 첫째 단순 명쾌한 웰레스 와일더의 파라볼릭이다. [3] 롱 포지션의 손실제한 지점을 찾을 때는 돌파 지점의 바로 아래에 첫 번째 손실제한을 설정하고 매 거래일마다 조금씩 상향조정한다. 숏 포지션의 경우는 반대로 설정하면 된다. 파라볼릭을 보수적으로 적용하지 않고 더 큰 수익을 추구하는 사람이라면 포지션과 반대편 밴드에 태그할 때가 탁월한 청산 지점이다. 이렇게 하면 중간 중간 수정이 가능해 지속적으로 트레이딩할 수 있다.

기법 Ⅰ을 실행하는 데 가장 큰 문제는 앞선 장에서 설명한 바 있는 헤드 페이크(그림 16.1)이다.

헤드 페이크는 하키 용어지만 다른 영역에서도 익숙하게 쓰인다. 하키 선수가 퍽을 몰며 적진을 향해 스케이팅을 한다. 스케이팅 도중 머리를 들어 수비수를 제치려고 한다. 그런데 수비수가 달려들면 바로 몸을 반대 방향으로 돌려 무사히 슛을 날린다. 스퀴즈를 빠져나올 때 주식도 똑같은 양상을 보인다. 처음엔 반대 방향으로 갈 것처럼 속임수를 보인 다음 진짜 방향을 잡는다. 스퀴즈, 밴드 태그가 이어지고 그 다음 진짜 방향대로 움직인다. 대개 이 현상은 밴드 안에서 발생하며 따라서 진짜 움직임이 진행되기 전까진 돌파 신호를 얻을 수 없다. 그러나 이 기법을 사용하는 많은 사람들이 밴드의 변수를 타이트하게 잡기도 하는데 밴드의 변수를 타이트하게 잡으면 진짜 트레이딩 신호가 나타나기 전에 휩소whipsaw* 때문에 애를 먹을 수도 있다.

일부 주식이나 지수는 헤드 페이크가 반복적으로 나타나는 경향이

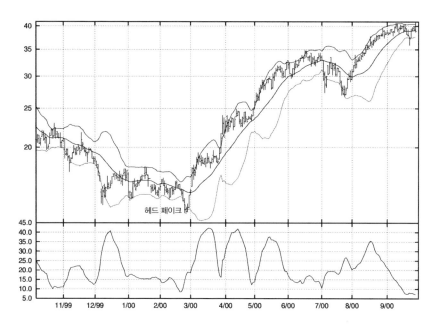

헤드 페이크

그림 16.1 헤드 페이크

EOG 리소시스, 250일. 헤드 페이크는 빈틈없는 트레이더에겐 기회가 된다.

있다. 트레이딩을 고려하고 있는 종목의 과거 스퀴즈를 살펴보아 헤드 페이크가 발생하는지 관찰해보라.

비기계적 기법으로 헤드 페이크를 이용하려면 스퀴즈가 발생할 때까지, 즉 필수조건이 충족될 때까지 기다렸다가 스퀴즈의 거래범위를 넘어서는 최초의 움직임을 살피는 게 가장 쉬운 전략이다. 헤드 페이크의 반대 방향으로 강세를 보이는 첫 날 포지션의 절반을 취하고 돌

＊ 속임수 신호. 톱니 모양으로 매수 매도 신호가 연이어 발생하는 현상-옮긴이

파가 발생할 때 나머지 절반의 포지션을 확대한다. 그리고 파라볼릭이나 반대편 밴드 태그를 이용해 손실제한을 설정한다.

밴드 변수가 타이트하지 않아서 헤드 페이크가 발생해도 문제가 안된다면 기법 I을 그대로 적용하면 된다. 스퀴즈를 기다렸다가 첫 번째 돌파에 맞춰 트레이딩을 결행하는 것이다.

거래량 지표는 기법의 값어치와 유용성을 높인다. 헤드 페이크가 일어나기 전 국면에서 일중강도II와 매집/분산AD 같은 거래량 지표를 살펴보면 추세가 궁극적으로 어느 방향을 향하고 있는지에 대한 힌트를 얻을 수 있다. 자금흐름 지표MFI; Money Flow Index 역시 승률을 높이고 확신을 얻을 수 있는 지표로 사용될 수 있다. 이들은 모두 거래량 지표로 제4부에서 자세히 다룰 것이다.

스퀴즈를 토대로 한 변동성 돌파 시스템의 변수들은 표준 변수가 될 수 있는데 20일 이동평균과 ±2 표준편차 밴드를 들 수 있다. 이 국면은 밴드가 아주 좁은 상태여서 언제라도 돌파가 일어날 수 있는 상황이다. 단기 트레이더들은 이동평균을 계산하는 기간을 조금 좁혀 15일 평균을 쓰거나 1.5 표준편차를 써서 밴드를 타이트하게 만들기도 한다.

설정할 수 있는 변수가 또 하나 있다면 스퀴즈를 판단하는 기간이다. 기본적으로는 6개월인데(6개월 동안 변동성의 최저점) 기간을 더 길게 잡으면 압축이 커지며 더욱 폭발적인 셋업도 기대할 수 있다. 하지만 셋업의 수는 더 적게 나타난다. 무슨 일이든 대가가 있는 법이다.

기법 I은 우선 스퀴즈 구간 동안의 압축 정도를 포착한 다음 압축에 따르는 거래범위 확산을 살피는 것이다. 실제 트레이딩에 나서기 전 헤드 페이크를 염두에 두어야 하며 거래량 지표로 주가 움직임을 확증하면 주가예측에 대한 신뢰도와 승률을 높일 수 있다. 수백 개의 종목을 검사해 날마다 적어도 몇 개의 후보 종목을 찾아야 한다.

기법 I 셋업을 유심히 살피고 셋업의 움직임에 따라 행동하라. 거래량 지표와 함께 많은 셋업을 살피다 보면 어떤 규칙보다 더 선별 과정에 대한 안목이 생긴다는 걸 깨닫게 될 것이다. 그림 16.2에서 16.6을 보면 어떤 것을 살펴야 하는지 터득할 수 있을 것이다.

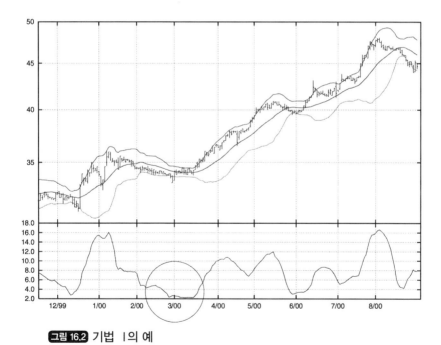

그림 16.2 기법 I의 예

아발론베이 커뮤니티, 200일. 2퍼센트 밴드폭, 진정한 스퀴즈.

그림 16.3 기법 Ⅰ의 예

오션 에너지, 100일. 10퍼센트 밴드폭 역시 스퀴즈. 절대적 저점이 아니라 6개월 최저점을 살펴
보라.

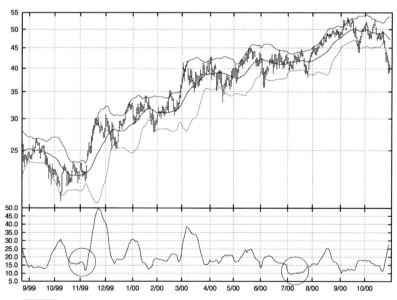

그림 16.4 기법 Ⅰ의 예

노블 드릴링, 300일. 스퀴즈는 차트상의 고점, 저점에 상관없이 어디서도 일어날 수 있다.

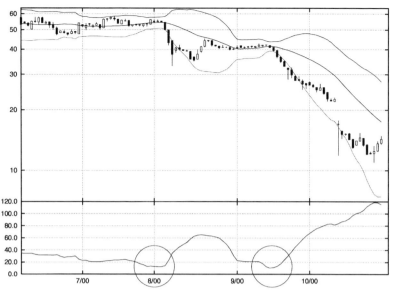

그림 16.5 기법 Ⅰ의 예

피너클 홀딩스, 100일. 두 차례의 스퀴즈 발생.

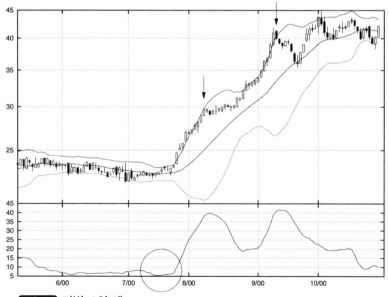

그림 16.6 기법 Ⅰ의 예

PPL, 120일. 밴드폭이 5퍼센트에서 40퍼센트로 확장되면서 첫 번째 레그 발생. 40퍼센트를 초과하면서 두 번째 레그 발생. 밴드폭이 두 차례 봉우리를 형성하는 지점이 중요하다. 화살표로 표시한 부분을 주목하라.

- 스퀴즈를 셋업으로 활용하라.

- 변동성 확대와 발을 맞추어 가라.

- 헤드 페이크를 조심하라.

- 거래량 지표를 이용해 주가의 방향을 예측하라.

- 각자의 스타일에 맞게 변수를 수정하라.

- www.BollingeronBollingerBands.com에 기법 Ⅰ 후보 종목 리스트가 등재된다.

제4부

볼린저 밴드와
지표의 결합

제4부에서는 거래량 지표에 초점을 맞춰 이들 지표와 볼린저 밴드를 혼합해 분석을 시도한다. 제4부의 초점은 위험/보상 방정식을 유리하게 만들어주는 정밀한 방법론을 개발하는 것이다. 마지막 두 가지 기법인 반전과 추세추종 기법을 설명하면서 마무리하겠다.

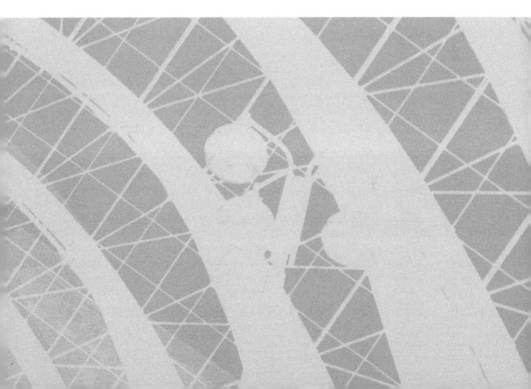

PART **17**

볼린저 밴드의 신호를 확증하는 지표

볼린저 밴드의 진정한 힘은 지표와 결합될 때 분명하게 드러난다. 볼린저 밴드와 함께 활용하는 지표는 거래량 지표이며 밴드 내 주가 움직임과 지표 움직임을 비교하는 방식이 가장 효과적이다(그림 17.1).

주가와 지표를 비교하면 주가 움직임에 대한 확증, 미확증 여부가 결정된다. 일례로 상단 밴드 태그가 강세 지표와 결합하면 강세 움직임이 확증된다(그림 17.2). 롱 포지션을 취하고 있는 상황에서 주가가 상단 밴드를 태그하면 많은 사람들이 매도를 고려하지만 결정을 내리기 전에 지표를 살펴보라. 지표 역시 강세를 보이면 태그를 포지션에

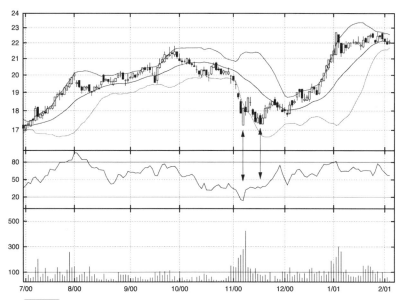

그림 17.1 BB, MFI, 표준화한 거래량

헬스케어 리얼티, 150일. 주가는 첫 번째 저점을 재테스트하지만 자금 흐름을 보여주는 MFI는 급격히 높아진다. 전형적인 긍정적 신호.

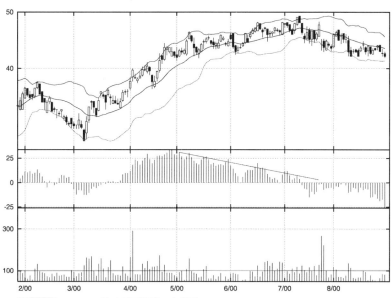

그림 17.2 BB, AD%, 표준화한 거래량

화이자 제약, 120일. 주가와 지표의 다이버전스에 주목하라.

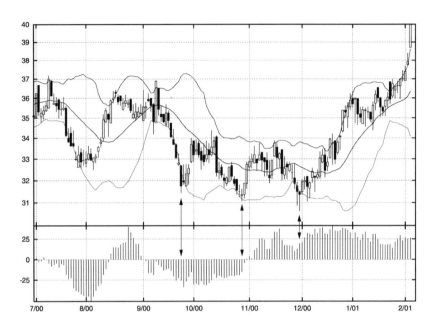

애쉬랜드 오일, 150일. 하단 밴드 태그, 주가 신저점, 양(+)의 11%는 모두 아주 좋은 매수 기회임을 알려준다.

대한 확증으로 인식하면 된다(지표가 앞선 주가 태그에서의 지표보다 약하다면 경고 신호로 인식해야 한다).

　미확증을 예로 든다면 하단 밴드의 태그가 긍정적 지표와 결합되는 경우로 전형적인 매수 신호가 된다(그림 17.3). 이를테면 매수 종목을 찾고 있는데 주가가 하단 밴드를 태그하고 거래량 오실레이터가 긍정적이면 상승으로 반전할 가능성이 높으므로 매수 후보 종목이 된다. 그리고 이후 두 번째 태그가 일어나 W형 패턴이 형성될 가능성이 높다면 상승추세로 반전된다는 강력한 증거가 된다. 반전을 확증할 강세

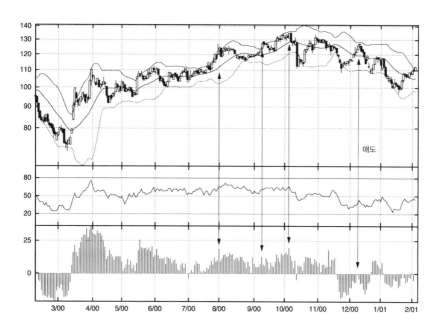

그림 17.4 BB, MFI, AD%

마쉬 & 맥레넌. 150일. 상단 밴드 태그가 여러 번 발생할 때 지표가 약세를 보이며 경고를 보내지만 아직 매도 신호는 아니다. 매도 신호는 차트 마지막 부분에 가서야 발효된다.

신호만 있으면 된다.

이도 저도 아닌 예를 들자면 밴드 태그와 중립 지표가 결합될 경우다(그림 17.4). 롱 포지션을 취하고 있는데 주가가 상단 밴드에 접하고 지표가 중립이라면 손실제한을 더 타이트하게 잡거나 비상경계 태세에 돌입해야 한다는 신호다. 하지만 이때 지표가 부정적이라면 명백한 매도 신호다.

확증의 가장 좋은 예는 주가가 볼린저 밴드 상단을 타고 올라가고 지표가 강세를 보이는 경우다. 그림 17.5의 진행 상황을 보면 추세가

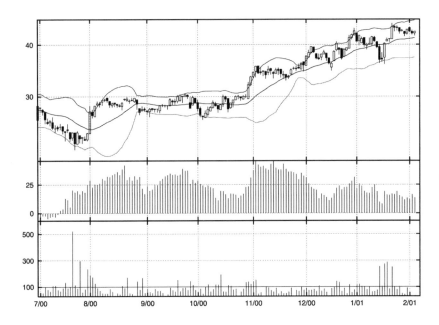

그림 17.5 BB, II%, 표준화한 거래량, 밴드 타기

세이버 홀딩스, 150일. 연이은 태그로 추세 확증.

지속되는 동안 상단 밴드를 태그할 때마다 지표도 강세를 보이고 있다. 그런데 12월 이후 고점에서는 밴드 태그가 발생할 때 일련의 지표들이 약해지면서 계속 경고를 보내고 있다. 그리고 마침내 명백한 매도 신호가 출현한다.

강세를 보이는 주식은 종종 계속 보유하기가 어렵다. 주가가 볼린저 밴드 상단을 계속 건드리며 강세를 지속하면 아주 골머리가 아프다. 하지만 지표가 강세를 확증한다면 유리한 쪽으로 해석해야 한다.

앞선 장에서 M형 패턴과 W형 패턴을 논의하면서 볼린저 밴드가 패턴을 명확히 한다는 점을 살펴보았다. 볼린저 밴드라는 상대적 틀은 패턴의 오른쪽 절반에서 신저점이나 신고점이 나타나도 트레이딩을 결행할 수 있게 해준다. 핵심은 절대적 주가 수준이 아니라 '상대적' 고점과 저점, 즉 볼린저 밴드와의 상관관계로 살펴본 고점과 저점이라는 것이다.

이제 두 번째 요소, 신뢰도를 높여주는 지표를 살펴보자. W2 바닥을 예로 들어보자. 그림 17.6을 보면 두 번째 저점이 신저점을 기록하지만 이것이 첫 번째 저점과 달리 하단 밴드를 이탈하지 않았으므로

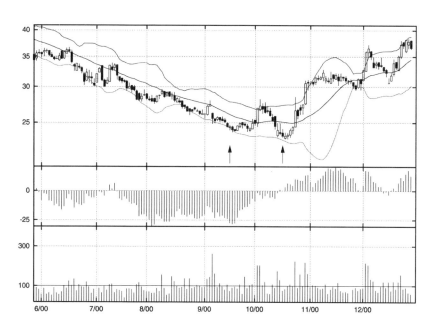

그림 17.6 W2, 상대적 W4, 11% 확증
다우 케미컬, 150일. 주가는 절대적 신저점을 찍지만 상대적 신저점은 아니다. 지표도 양(+)으로 돌아선다.

상대적 저점으로 W4 패턴이라 할 수 있다. 이 패턴에서는 강세를 보이는 첫 상승일에 매수해야 한다. 신저점을 찍은 직후에 매수하는 건 아주 두려운 상황일 수도 있지만 확증에 사용한 지표가 신저점으로 떨어지지 않으면 두려움을 줄이고 확신을 가질 수 있다.

그림 17.6의 경우 긍정적인 신호는 두 가지다. 첫째 밴드 기준 상대적 신저점, 둘째 지표 확증이다. 세 번째 확증 요소를 꼽자면 상승일의 강세신호로 평균을 상회하는 거래량과 거래범위를 들 수 있다.

이쯤에서 자연히 이런 의문이 들 것이다. 확증 요소가 둘 있는 것이 하나 있는 것보다 낫다면 왜 셋이나 넷을 사용하지 않는가? 그렇게 하지 못할 이유가 없다. 확증 요소로 한 가지 이상의 지표를 사용하면 더 나은 결과를 얻을 수도 있다. 그러나 지표들이 공선共線, collinear을 이루면, 즉 모든 지표가 같은 노래를 부르면 문제가 생긴다. 이것이 다중 공선성多重共線性, multicollinearity의 함정인데 아주 유사한 정보를 포함하고 있는 변수들을 마치 개별적이고 독립된 정보처럼 취급하는 것이다. 부지불식간에 이 함정에 빠진 가엾은 트레이더들이 많았다.

몇 가지 원칙만 잘 지키면 이러한 함정은 쉽게 피할 수 있다. 각 범주마다 하나의 지표만 사용하라. 이를테면 모멘텀 지표, 추세 지표, 거래량 지표 등을 각 하나씩만 쓰는 것이다(표 17.1 참고). 식당에서 메뉴판 A 일람표에서 하나, B 일람표에서 하나씩 골라 주문하는 것처럼 말이다. 물론 일람표끼리 서로 대체는 안 된다. 모멘텀 지표를 세 가지나 사용한다면 바로 공선성 함정에 빠진다. 지표들이 모두 같은 정보에서 도출한 똑같은 결론을 말하기 때문이다. 제대로 된 웨이터라면 이런 주문은 받지 않겠지만 대부분의 시장 소프트웨어는 그렇게 똑똑하지가 않다.

표 17.1 범주별 지표 예

범주	지표
모멘텀	변화율, 스토캐스틱
추세	선형회귀, MACD
심리	여론조사, 풋—콜 비율
거래량(개방형)	일중강도(II), 매집/분산(A/D)
거래량(폐쇄형)	MFI, 거래량가중 MACD
과매수/과매도	CCI, RSI

지표들 사이의 상관성이 낮다면 한 범주에서 여러 지표를 써도 다중공선성 함정을 피할 수 있다. 하지만 상관성에 대한 검증과 세심한 고려가 필요하며 결정적인 이유(이를테면 다른 범주의 지표를 이용할 수 없을 때)가 있어야 한다.

거래량 지표와 심리 지표는 다중공선성 함정을 피하기 위한 다각화 전략에 잘 들어맞는다. 왜 그럴까? 이 두 가지 지표는 분석에서 고려되지 않은 새로운 독립 변수들을 적용하기 때문에 다른 분석 요인과 공선을 이루지 않는다. 주가에서 직접 도출하는 모멘텀 지표와 추세 지표는 차트를 보고 얻은 정보와 중복되므로 거래량 지표나 심리 지표만큼 유용하지 않다.

매우 위험한 지표 함정이 또 있는데 바로 아첨이다. Dictionary. com은 아첨꾼을 이렇게 정의하고 있다. '영향력 있는 사람에게 아첨 해 환심을 사려는 비굴하고 이기적인 사람.'[1] 아첨꾼처럼 구는 지표 들, 즉 내 의견에 맞장구를 치거나 내가 이미 알고 있는 것을 추인하 는 지표들, 더 나쁘게는 내가 듣고 싶어하는 소리를 지저귀는 지표는 절대 피해야 한다. 자신의 분석을 확증하는 지표를 만날 때까지 계속 지표를 살필 때 이런 함정에 사로잡히기 쉽다. 트레이딩할 구실을 찾 기 위해 추인할 증거를 애타게 찾아다니면—이렇게 하면 정말 큰일 난 다!—덜컥 아첨꾼의 덫에 걸리고 만다. 이를 피하려면 트레이딩하기 전에 접근법이나 툴을 선택하고 끝까지 견지해야 한다. 상황에 적절한 다른 지표를 참고할 수도 있지만 추인할 증거를 찾으러 이리저리 기웃 거리는 건 피해야 한다.

트레이딩할 종목을 찾기 '전에' 지표를 선택해 검증하는 것이 아주 중요하다. 분석 툴을 선택했다면 분석에 사용할 틀을 만들어야 한다. 기본적인 틀을 보여주는 좋은 예가 그림 17.7이다.

맨 위 클립은 볼린저 밴드와 50일 이동평균을 사용한 로그 스케일 캔들스틱 차트다. 로그 함수를 사용하면 차트의 어느 부분에서든 비율 변화를 비교할 수 있고, 캔들스틱은 시가와 종가의 관계를 드러내주 며, 볼린저 밴드는 상대적 고점과 저점을 규정하고, 50일 이동평균은 추세를 엿볼 수 있게 해준다. 같은 클립에 다른 선으로 표시된 것(지그

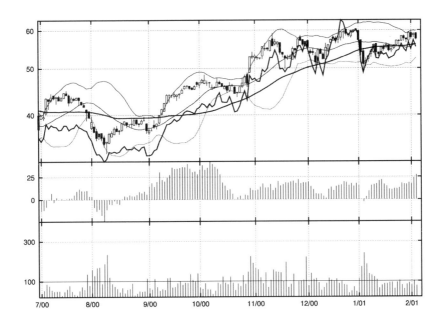

분석 틀 Ⅰ

CVS, 150일. 태그 셋업을 활용하라. 상대강도 지표를 추가하면 아주 유용하다.

재그로 보이는 한 줄짜리 굵은 선)은 S&P500에 대한 주가의 '상대적 강도'로 시장 전체 움직임에 비해 주가가 어느 정도 반응하는지를 보여준다. 주가 그래프 바로 밑에 있는 지표는 21일 매집/분산AD을 오실레이터로 표시한 것으로 주가 움직임을 확증해준다. 마지막으로 맨 아래 클립은 50일 평균 거래량으로 주가 패턴을 분명히 하는 데 유용하다.

유용한 틀을 또 하나 예로 든다면 로그 스케일 캔들스틱 차트에 같은 클립에다 매집/분산AD 선을 그어나가되 스케일을 달리하는 것이다. 이 예는 그림 17.8에서 볼 수 있는데 지그재그로 보이는 한 줄짜리

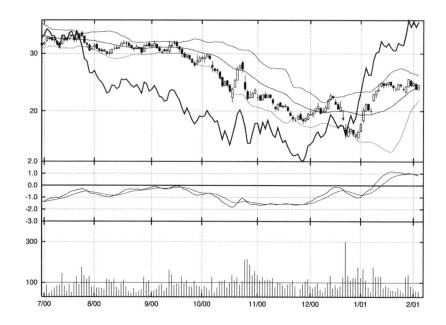

AT&T, 150일. 셋업에서 거래량 지표에 집중하면 저점을 판단하는 데 유용하다.

굵은 선이 AD선이다. 그리고 MACD를 별도의 클립에 그리고 표준화된 거래량 클립을 추가하여 완성한다.

각자 분석 방법에 맞는 틀을 구축했다면 종목의 셋업을 살펴본다. 그런 다음 이질적이고 검증되지 않은 요소를 도입하지 말고 의사결정을 한다. 이 지침을 따르지 않으면 감정에 휘말려 파멸의 길로 빠지게 된다. 다시 강조하건대 트레이딩하기 '전에' 지표를 선택하고 분석 틀을 만들라!

지표를 선별하고 틀을 구축하고 선별한 지표와 틀을 고수해야 한다는 말은 지표 선별이 제1원리에서 도출되어야 한다는 것을 의미한다. 즉, 선별한 지표와 틀이 제대로 작동하는지 시험하고 선택하기 전에 자신이 어떤 테스트 결과를 기대하는지, 어떤 기제로 작동되는지를 [2] 알고 있어야 한다. 현실적인 사고에 굳게 뿌리를 박지 않고 완전히 이해하지 못한 지표를 사용하면 어려울 때 확신을 갖고 시스템을 실행할 수 없다. 너무 좋을 때 역시 마찬가지다. 인간은 극단적인 상황에서 감정에 휘둘려 행동하기 쉽다. 자신의 접근법에 굳건한 확신이 없다면 감정이 마구 요동칠 때 원칙을 고수할 수 없다.

이 책에 제시된 모든 툴과 기법은 제1원리에서 나온 것이다. 즉, 시장의 현실에 굳건히 뿌리를 내린 툴과 기법이어야 하며 사용자가 툴과 기법의 원동력을 제대로 이해하고 있어야 한다는 데서 출발했다. 예를 들자면 '거래량이 주가에 선행한다'는 개념에서 출발해 기법을 개발하는 것이다. 주가의 기반(베이스)이 완성되고 돌파가 나타나기 전에 주가와 거래량이 동시에 방향성을 갖고 있어야 한다는 원리를 토대로 기법을 개발해보자. 주가가 베이스를 다지는 동안 거래량과 50일 이동평균을 비교하는 지표를 구축할 수 있다. 이론적 근거를 마련한 다음 얼개를 짰다면 지표의 공식을 만들고 정확한지 시험해보라. 시험 결과가 정확하고 지표가 예측대로 움직인다면 이 개념을 채택해도 좋다. 어떤 이들은 원래의 공식을 절대 수정하면 안 된다고 주장하지만 내 생각엔 그렇게 완고할 것까지는 없을 듯하다. 일상적인 함정을 피해가면서 신중하게 시험, 조정하고 최적화optimization하면 문제될 것 없다.

최적화는 이 책의 영역을 벗어나는 주제이지만 이 문제를 건드리지 않고는 지표와 시스템을 논할 수 없다. 최적화에는 신중한 투자자를 덫에 걸리게 할 함정이 곳곳에 있다. 최적화는 유용한 도구가 될 수 있지만 때로는 자신도 모르게 남용하는 경우가 생긴다. 최적화를 남용하면 유용한 도구가 아니라 그저 데이터를 해설하는 도구를 만들게 된다. 최적화 남용 역시 위에 언급한 아첨꾼의 덫에 해당된다.

최적화란 기존의 접근법에서 '최선의' 변수를 발견하는 과정이다. 오늘날에는 대개 컴퓨터로 하지만 PC가 흔하지 않던 시절에는 직접 손으로 했다. 가장 단순하고 널리 이용되는 최적화는 이동평균의 교차 moving average crossover다. 이동평균 최적화 프로그램은 이동평균의 산출기간을 짧게 잡고 시작해 이동평균 교차를 토대로 매수와 매도를 전부 계산한 다음 수익률, 트레이딩 횟수, 최악의 손실과 최고의 수익 등을 산출한다. 그다음 이동평균 산출기간을 조금씩 길게 잡으면서 최종값까지 이른다. 모든 결과는 일람표로 작성되어 다양한 통계학적 연산을 통해 가장 수익성이 좋은 지표가 무엇인지 사용자에게 보여준다.

최적화 과정은 삽시간에 복잡해지기도 한다. 이를테면 볼린저 밴드와 하나의 지표를 이용해 시스템을 최적화한다고 하자. 이동평균 기간을 10에서 50까지 2를 더해가며 바꾼다면 스물한 번 테스트를 해야 하고 지표의 기간을 4에서 20까지 2를 더해가며 바꾼다면 아홉 번 테스트해야 한다. 그러면 21×9=189, 총 189번을 테스트해야 한다. 여기에 밴드폭과 지표값에 변화를 준다고 하면 천 단위가 넘는 테스트가 필요해진다. 순식간에 얼마나 아득한 수렁에 빠질 수 있는지 이해가 될 것이다.

가장 흔한 최적화 함정, 즉 수중의 데이터를 설명하는 것에 그치는 함정을 피하는 한 가지 방법은 구획별로 나누는 것이다. 과거의 자료를 몇 개의 영역으로 나누고 각 영역을 독립적으로 테스트하라. 이를 테면 1990년부터 1999년까지 10년에 걸친 데이터를 갖고 있다고 하면 3년씩 세 개의 영역으로 최적화할 수 있다. 1990~1992, 1992~1994, 1994~1996으로 나눈 다음 각 영역의 첫 해를 지표의 준비 또는 워밍업 기간으로 삼고 뒤의 두 해를 최적화 기간으로 삼는다. 그런 다음 가장 최근의 기간인 1996~1999년의 데이터로 결과의 일관성을 테스트한다. 여기서도 첫 해(1996년)를 지표의 워밍업 기간으로 삼고 여태까지 최적화를 실행하지 않은 마지막 3년(1997~1999년)을 테스트한다. 각 영역의 결과는 꽤 유사할 것이다. 유사성이 클수록 신뢰도가 높아지는데 이것을 견실성robustness이라고 한다.

또 다른 방법은 항목을 몇 가지 집단별로 분류한 다음 테스트하는 것이다. 이를테면 변동성 대 안정성, 성장주 대 가치주, 소형주 대 대형주, 저가주 대 고가주 이런 식으로 특성별로 분류한다. 그런 다음 결과의 일관성을 살펴라. 이렇게 하면 특정 기간이나 특정 종목의 데이터에 관한 단순한 설명뿐 아니라 중요한 분석적 정보를 들여다보는 창을 갖게 된다.

마지막 테스트는 선택한 변수들이 견실한지 보는 것이다. 변수들을 소폭, 그러나 의미 있는 양만큼 바꾼 다음 재테스트하라. 견실한 기법이라면 테스트 결과에 일관성이 있을 것이다. 이를테면 20일 기간이 최적이라면 18일이나 22일도 비슷한 결과가 나올 것이다.

다음 장에서는 거래량 지표를 살펴보고 볼린저 밴드 안팎의 주가 움직임을 확증하는 지표를 토대로 하는 두 가지 기법을 고찰해보겠다.

키 포인트! 이것만은 기억하자

- 지표를 이용해 밴드 태그를 확인한다.
- 거래량 지표가 바람직하다.
- 다중공선성 함정을 피하라.
- 트레이딩하기 전에 지표를 선택하라.
- 미리 만들어놓은 틀을 활용해 분석하라.
- 최적화는 신중하게 하라.

PART 18

볼린저 밴드와 함께 활용하는
거래량 지표

18장에서는 우리가 제시한 기법이나 본인이 개발한 기법을 미세하게 조정하고 싶은 분석가들에게 효과적으로 조정할 수 있는 배경지식을 제공한다. 수학이라면 질색인 사람들은 이 장의 후반부를 건너뛰어도 좋지만 적어도 처음 몇 문단은 꼭 읽어보기 바란다.

거래량 지표는 기술적 분석가에게 가장 중요한 지표다. 독립 변수인 거래량을 분석에 도입하면서 수요−공급 방정식의 핵심에 곧장 접근하기 때문이다. 모든 거래량 지표의 밑바탕에는 '거래량은 주가에 선행한다'는 개념을 어느 정도 깔고 있다. 스마트 머니가 베이스를 다지는 기간에 상승을 예측하고 시장에 진입하여 상승 후반부에는 천정이 도래하기 전에 빠져나가기 때문이다.

거래량 지표와 관련한 용어의 난립상은 아주 심각하다. 프로그램마다 제각기 다른 이름으로 부르고 있는 실정이다. 따라서 혼란을 피하기 위해 지표와 개발자의 이름을 표 18.1에 정리해놓았다. 표 18.2는 거래량 지표를 범주별로 예시한 것이다. 그리고 우리가 권고하는 지표들의 공식과 구축방법은 표 18.3에 표시해두었다. 이 공식들과 각자가 쓰고 있는 분석용 소프트웨어의 공식을 비교해서 지표를 어떤 이름으로 부를지 결정하라.

표 18.1 거래량 지표와 창시자

지표	창시자
OBV	Frank Vignola, Joe Granville
거래량-주가 추세	David Markstein
NVI, PVI	Paul and Richard Dysart
일중강도(II)	David Bostian
매집/분산(AD)	Larry Williams
MFI	Gene Quong, Avram Soudek
거래량가중 MACD	Buff Dormeier

표 18.2 거래량 지표의 범주

범주	예
주기적 주가 변화	OBV, 거래량–주가 추세
주기적 거래량 변화	NVI, PVI
주기 내 구조	일중강도(II), 매집/분산(AD)
거래량가중	MFI, 거래량가중 MACD

표 18.3 거래량 지표 산출 공식

- OBV = 거래량 × 변화의 기세
- 거래량–주가 추세(V–PT) = 거래량 × 백분율 변화

- NVI = 거래량이 감소하면 주가 변화를 누계한다.
- PVI = 거래량이 증가하면 주가 변화를 누계한다.

- 일중강도(II) = (2 × 종가 − 고가 − 저가) ÷ (고가 − 저가) × 거래량
- 매집/분산(AD) = (종가 − 시가) ÷ (고가 − 저가) × 거래량

- MFI = 100 − {100 ÷ (1 + [긍정적 Money Flow ÷ 부정적 Money Flow])}
  * Money Flow: 중심가격 × 거래량
  * 긍정적 Money Flow: 중심가격이 전일보다 상승한 경우
  * 부정적 Money Flow: 중심가격이 전일보다 하락한 경우
- VW MACD = 12일 거래량가중 평균 − 26일 거래량가중 평균
- VW MACD 시그널선 = 9일 지수 평균 VW MACD

종류를 막론하고 하나의 지표를 실행하는 최선의 방법을 깨우치는 길은 지표를 철저히 이해하는 것이다. 지표를 철저히 이해하려면 산출 방식뿐 아니라 지표 뒤에 놓인 원동력, 즉 지표가 움직이는 원리를 이 해해야 한다. 표 18.2에서 볼 수 있듯 지표를 산출하는 방식에 따라 거 래량 지표는 네 가지 기본 범주로 나눌 수 있다. 순서대로 지표의 탄생 과정을 짤막하게 살펴보고 가장 중요한 네 가지 지표에 대해 상세히 논의하겠다. 마지막으로 이 강력한 툴들을 어떻게 배치할지 개략적으 로 설명하겠다.

거래량 지표의 첫 번째 범주는 OBV^{On Balance Volume}와 거래량–주 가 추세V-PT; Volume-Price Trend로 이들 지표의 특징은 주가 변화를 누 적 연산한다는 것이다. OBV는 종가가 전일에 비해 하락했는지, 상승 했는지를 살피며 V–PT는 상승분이나 하락분, 즉 비율을 따진다.

두 번째 범주는 PVI^{Positive Volume Indices}와 NVI^{Negative Volume Indices} 로 논리적으로는 첫 번째 범주와 대척점에 있다. 여기서는 주가 변동 을 활용해 거래량을 분석하지 않고 거래량의 변화를 활용해 주가 변동 을 분석한다. 이를테면 전일 거래량보다 금일 거래량이 하락할 때만 NVI가 변한다.

세 번째 범주는 각 기간의 데이터로만 만든 지표로, 주가범위에서 종가의 위치에 토대를 둔 일중강도II, 주가범위에서 고점 및 저점의 관 계에 토대를 둔 매집/분산AD이 있다. 이 지표들은 이전 기간을 참고하 지 않는다.

네 번째 범주는 거래량을 이용해 기존 지표를 보강하는 것이다. 이 범주의 지표들로 MFI^Money Flow Index, 자금흐름 지표, 웰레스 와일더의 RSI^Relative Strength Index, 상대강도지수, 제럴드 아펠이 MACD를 개량해 개발한 VW^Volume-Weighted, 거래량가중 MACD가 있다. 이들 지표는 산출기간의 거래량에 가중치를 두는 새로운 지표들로 주가를 토대로 하는 전통적 지표를 수정한 것이다.

오늘날 트레이딩 환경에는 그날 그날의 주가와 거래량만을 살피는 세 번째 범주와 거래량가중 지표인 네 번째 범주가 가장 흥미롭고 유용하다. PVI도 주목할 만한 지표지만 우리가 여기서 살펴볼 것들은 세 번째와 네 번째 범주의 지표들이다. 일중강도II부터 보자.

일중강도II(그림 18.1)는 장이 끝나갈 무렵 트레이더들의 움직임을 살피는 지표로 종가가 거래범위의 천정권에서 형성되면 1, 중간에서 형성되면 0, 바닥권에서 형성되면 −1이 나온다. 장 마감시간이 다가올수록 초조해진 트레이더들은 거래를 끝내기 위해 계속 주가를 끌어올리거나 내리는 경향이 있다. 예컨대 대량의 매도 주문을 성사시키고자 하는 포트폴리오 매니저는 장 마감시간이 다가오면 매도호가를 계속 낮춰서라도 쿼터를 채우려고 한다. 그렇게 되면 그 주식의 종가가 일중 저가 부근에서 형성되고 이에 따라 지표도 낮아지게 된다.

매집/분산^AD(그림 18.2) 지표는 일본식 캔들스틱 차트와 비슷하게 시가와 종가의 관계를 특히 강조한다.[1] 이는 특히 중요한 개념이다. 2장에서 언급한 바 있는 볼린저 바 역시 일종의 서구식 캔들 차트로 고안

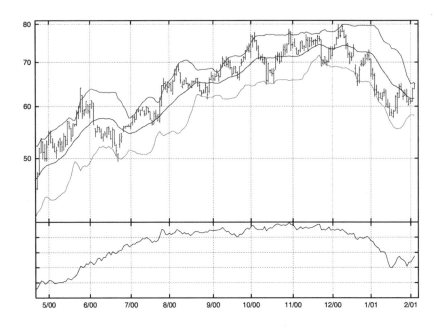

그림 18.1 일중강도(Ⅱ) 지표

하트포드 보험, 200일. 훌륭한 지표는 어떤 역할을 하는지 분명히 보여준다. 주가를 확증하며 따라가던 지표는 고점에서 주가에 앞서 약세 신호를 보낸다.

된 것이다. 이 지표의 토대가 되는 원리는 한 종목이 정말 강세라면 시가가 아무리 강세라도 그 뒤로 더 높은 가격에 거래될 것이며 만약 종가가 시가보다 높지 않다면 약세를 의미한다는 것이다. 마찬가지로 시가가 약세를 보이고 시간이 갈수록 더욱 약세를 보인다면 약세가 지속되며 시가는 약세였지만 강세가 뒤따른다면 긍정적인 흐름이다.

캔들스틱 차트는 수백 년 역사를 갖고 있고 일본인들은 캔들이 만드는 패턴, 그중에서도 특히 특정 형태의 캔들을 중시한다. 우리는 캔들에 색을 입혀 주가 움직임, 특히 볼린저 밴드 근처의 주가 움직임을

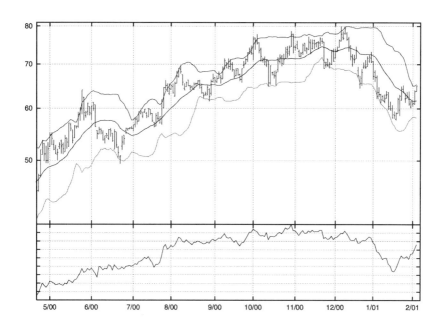

그림 18.2 매집/분산(AD) 지표

하트포드 보험, 200일. 매집/분산(AD) 역시 일중강도(II)만큼 천정을 진단하는 데 유용하다.

시각적으로 더욱 명료하게 표시했다. 이런 방식은 캔들스틱만 가능하다. 이를테면 하단 밴드 부근에서 음봉(종가가 시가보다 낮음)이 양봉(종가가 시가보다 높음)으로 전환되면 바닥권을 나타낸다. 이러한 전환은 매집/분산AD 지표에도 반영되는데 특히 추세 반전과 함께 거래량이 증가하면 더욱 분명히 드러난다.

일중강도II와 매집/분산AD 모두 각 기간의 첫 번째 연산 포인트에서 누적해가면서 개방형으로 그릴 수 있다. n-기간(대개 10 혹은 20)의 이동 총계를 오실레이터로 그릴 수도 있다. 한계값 없이 선으로 나타내는 개방형 차트를 선호하는 사람도 있고 오실레이터를 선호하는 사람도 있다. 트레이딩 밴드와 비교하려면 오실레이터 형식이 분석하기에 더 쉽다.

일중강도II와 매집/분산AD 모두 연산기간의 총 거래량으로 나누는 방식으로 표준화해 종목과 종목을 직접 비교할 수 있다. 표 18.4는 10일 기간으로 표준화한 AD 오실레이터 공식이며 그림 18.3은 그 결과를 보여준다. 표준화된 지표는 종종 21일 II%, 혹은 10일 AD% 식으로 비율단위(%)를 덧붙여 표시한다.

표 18.4 표준화한 거래량 오실레이터 공식(10일)

{(종가 − 시가) ÷ (고가 − 저가) × 거래량}의 10일 합 ÷ 10일 거래량 합

네 번째 범주의 MFI는 거래량 데이터에 웰레스 와일더의 상대강도지수RSI 개념을 도입한 지표다. RSI 연산의 핵심은 n일 동안 상승일의 상승폭 합계와 하락일의 하락폭 합계라는 두 가지 데이터를 사용한다는 점이다. MFI는 이 데이터 대신 주가의 누적 총계에 상승일 거래량과 하락일 거래량을 곱한다. 와일더는 산출기간으로 14일을 권고했는데 단기 목적으로는 대개 9일을 사용하는 경향이 있다.

MFI로 알고자 하는 것은 '상승일과 하락일의 거래량 차이가 추세의 모멘텀을 확증하는가?'이다. 상승일에는 거래량이 증가하고 하락일에

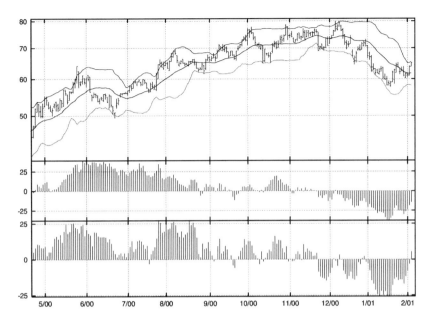

그림 18.3 II%, AD%

하트포드 보험, 200일. 일중강도(II)와 매집/분산(AD) 지표를 오실레이터로 표시하면 다른 방법
으로는 볼 수 없는 측면이 드러나기도 한다.

는 감소하므로 같은 기간일 경우 RSI보다 MFI가 더 크게 움직일 것임
을 예측할 수 있다. 실제로 MFI는 RSI보다 변동성이 더 크다. MFI는
매끄럽게 추세를 표시하지 않으며 범위가 넓다. 따라서 RSI의 표준값
인 70과 30 대신 MFI에는 80과 20을 쓴다. 이렇게 하면 대체로 비슷
하게 신호가 발동된다(그림 18.4).

　네 번째 범주의 두 번째 지표는 거래량가중 MACD^VW MACD 지표다
(그림 18.5). MACD는 제럴드 아펠이 개발한 지표로 이동평균의 수렴
과 확산을 나타내며 기본적으로 추세 지표다. MACD 선과 시그널선

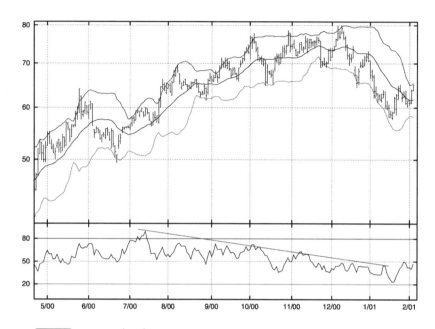

그림 18.4 자금흐름(MFI) 지표

하트포드 보험, 200일. 상승세가 무르익는 동안 MFI 추세는 꾸준히 하락한다는 점에 유의하라.

이라는 두 개의 선으로 구성되며, 기준선은 MACD의 지수이동평균이다.[2] MACD는 단기 지수이동평균과 장기 지수이동평균의 차이를 나타내는 지표로 흔히 이격도 차트라고 부른다.

VW MACD Volume-Weighted MACD는 MACD에서 이용하는 지수이동평균을 거래량가중 이동평균[3]으로 대체한 것이다. 시그널선은 MACD와 마찬가지로 지수이동평균을 활용한다. MFI와 마찬가지로 VW MACD 역시 MACD보다 더 민감한 지표지만 변수를 조정하지 않아도 활용하는 데 문제가 없다.

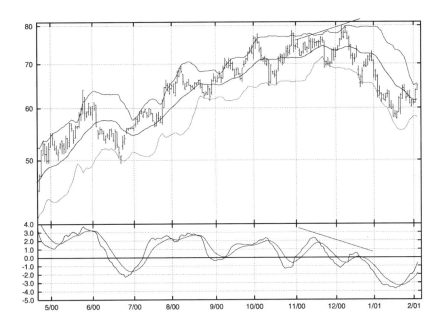

그림 18.5 거래량가중 MACD(VW MACD) 지표

하트포드 보험, 200일. 거래량가중 MACD만으로도 훌륭한 시스템을 구축할 수 있다.

VW MACD는 거래량이 추세를 뒷받침하는지 묻는 지표다. 거래량이 추세를 뒷받침한다면 VW MACD는 강세를 보인다. 만약 VW MACD가 약세라면 기저에 깔린 약세를 정밀하게 반영하고 있는 것이다. 기관 투자가들이 시장 뒤에서 장을 움직이는 실세일 때 이 개념은 특히 중요하다.

이 장에서는 네가지 거래량 지표를 살펴보았다. 이 지표들은 상관 관계가 그리 높지 않다. AD와 II 지표는 하루 동안의 주가 데이터에서 도출된다는 점은 같지만 연산방식과 변수가 다르다. MFI는 거래량을 이용한 모멘텀 지표이며 VW MACD는 거래량에 가중치를 둔 추세 지표다. 이 지표들이 한 목소리를 내면 하나처럼 취급하면 된다. 이 지표들이 각각 다른 목소리를 내면 각 지표와 기법과의 관계에서 지표가 말하는 바에 귀를 기울여 진실을 알아내야 한다.

거래량 지표에 대해 더 자세히 알고 싶으면 내가 정리한 『거래량 지표들Volume Indicators』(참고 문헌)을 참고하기 바란다.

다음 두 장에서는 실제로 응용할 수 있는 기법을 소개하겠다.

키 포인트! 이것만은 기억하자

- 거래량은 독립 변수다.
- 거래량 지표들은 연산방식에 따라 몇 가지 범주로 나눌 수 있다.
- AD, II, MFI, VW MACD에 집중하라.
- AD와 II 지표는 개방형과 폐쇄형을 모두 살펴보라.

PART **19**

매매기법 II:
추세 추종

기법 II는 지표의 강세가 주가 강세를 확증하는지를 살펴 추세의 탄
생을 예측하는 기법이다. 주가가 강세를 보이며 상단 밴드에 접근하
고 적절한 지표 역시 강세를 보이며 주가에 화답하면 상승추세가 시작
되었다고 예견할 수 있다(그림 19.1). 물론 그 반대도 마찬가지다*(그림
19.2).

---

* 주가가 약세를 보이며 하단 밴드에 접근하고 적절한 지표 역시 약세를 보이면 하락추세의 시
작으로 볼 수 있다는 의미―옮긴이

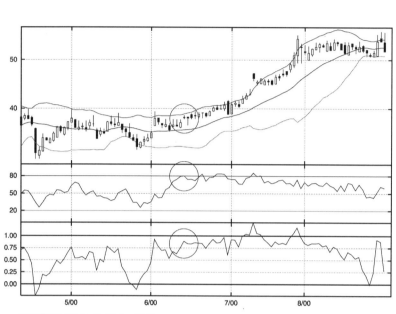

그림 19.1 기법 II 매수 실례

AG 에드워즈, 100일. 주가가 강세를 보이면서 지표 역시 강세를 보이면 매수 신호다.

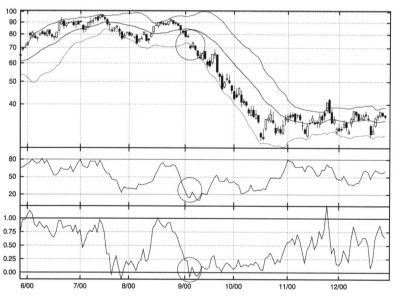

그림 19.2 기법 II 매도 실례

마이크론, 150일. 주가 약세에 MFI 약세가 동반되면 매도 신호다.

근본적으로 이는 기법 I의 변형인데 주가를 확증하는 지표로 MFI를 사용하고 스퀴즈라는 상황 조건이 필요 없다는 점이 다를 뿐이다. 청산 기법에서도 동일하다. 즉 파라볼릭의 변형이나 포지션 방향의 반대편에 있는 볼린저 밴드의 태그를 사용한다. 주가의 %b와 MFI가 기준값보다 높이 상승할 때가 매수 시점인데 기본 원칙은 %b가 0.8보다 크고 MFI(10)가 80보다 커야 한다는 것이다.

%b는 밴드 내 위치를 알려주는 지표라는 사실을 상기하라. %b가 1이면 상단 밴드, 0이면 하단 밴드에 있다. 따라서 0.8%b면 하단 밴드에서 상단 밴드를 향해 80퍼센트 위쪽에 있다는 것을 의미한다. 달리 해석하면 상위 20퍼센트 영역에 있다고 할 수 있다. MFI는 0에서 100 사이에서 움직이는 한계 지표다. 따라서 80이면 아주 강력한 매수 신호이며 강도로 보아 RSI의 70에 맞먹는다고 할 수 있다.

이렇듯 기법 II는 주가의 강세와 지표의 강세를 결합해 주가 상승을 예견하고 주가의 약세와 지표의 약세를 결합해 주가 하락을 예견한다.

볼린저 밴드는 기본 설정인 20일 이동평균과 ±2 표준편차를 이용한다. 그리고 MFI 변수로는 오래된 규칙을 적용하는바 즉, 지표의 기간은 밴드 산출기간의 약 절반 정도가 되어야 한다. 이 규칙의 유래는 정확히 모르겠지만 지배적 주기의 4분의 1을 이동평균 기간으로 제시하는 주기 분석을 적용한 것으로 추정된다. 시험 결과 4분의 1 기간을 밴드 산출기간으로 잡으면 대개 너무 짧았고 2분의 1 기간을 지표 산출기간으로 잡을 때가 효율적이었다. 다른 것도 마찬가지지만 이는 출발점이 되는 값일 뿐이다. 표 19.1에서 보듯 이 접근법에는 많은 변종이 있어 다양한 실험이 가능하다. 또한 주식의 특성에 맞춰 투입값을 조정해 더 적응력이 뛰어난 시스템을 만들 수 있다.

표 19.1 기법 II 변형

MFI 대신 VW MACD를 쓸 수 있다.*
%b와 지표에 요구되는 강도(한계치)를 변경할 수 있다.
파라볼릭의 속도를 변경할 수 있다.
볼린저 밴드의 길이 변수를 조정할 수 있다.**

* 각자의 트레이딩 스타일에 적용했을 때 VW MACD가 약간 느리다면 VW MACD나 VW MACD 히스토그램을 좀더 빨리 변화하는 쪽으로 조정하라. MACD 자체를 변경해도 된다. 이 것이 MACD 히스토그램으로 널리 쓰이는 기법이다.
** %b를 조정하는 것은 밴드폭 변수를 조정하는 것과 같다.

기법 II의 문제는 신호가 발효되기 앞서 움직임이 진행되므로 위험/보상을 계량화하기 어렵다는 것이다. 이를 피하는 한 가지 방법은 신호가 발효된 뒤 되돌림을 기다렸다가 첫 상승일에 매수하는 것이다. 이렇게 하면 몇 가지 셋업을 놓칠 수도 있지만 남아 있는 셋업의 위험/보상 비율은 훨씬 높을 것이다. 여기서 피해야 할 가장 큰 함정은 상승 잠재력이 거의 소진된 상태에서 뒤늦게 진입하는 것이다.

각자 이 접근법을 실제 트레이딩하고 있는 종목이나 트레이딩을 원하는 종목에 시험해보고 종목의 특성과 각자의 위험/보상 기준에 맞게 변수들을 조정하는 게 최선의 방법이다. 아주 변동성이 큰 성장주를 트레이딩한다면 %b, MFI, 파라볼릭 변수들을 높게 잡는 게 좋다.

(이를테면 %b를 1보다 크게 잡는 것도 한 가지 방법이다.) 이 세 가지 모두 수준을 높이면 더 강세를 보이는 주식이 선별되고 손실제한 가격에도 가속이 붙게 된다.[1] 반면 위험회피 투자자라면 파라볼릭 변수를 높게 잡고, 트레이딩 결과를 오래 지켜보려면 파라볼릭 상수를 보다 작게 잡아야 한다. 이렇게 하면 손실제한 청산 수준이 보다 천천히 올라간다.

파라볼릭을 흔히 하는 대로 진입일에 가동시키지 않고 가장 최근에 일어난 큰 폭의 저점이나 전환점에서 가동시키는 것도 테스트해볼 만하다. 이를테면 바닥에서 매수할 때 파라볼릭을 진입일에 가동시키지 않고 저점에서 가동시킬 수 있다. 이렇게 하면 가장 최근의 트레이딩 동향을 포착할 수 있다는 이점이 있다. 한편 반대편 밴드를 이용해 청산 지점을 잡으면 수익을 크게 낼 수는 있지만 손실제한 가격이 너무 멀어질 수 있다.

또한 이 신호들을 경고로 활용하고 경고가 발동된 뒤 첫 번째 되돌림에서 트레이딩하는 것도 한 가지 응용법이다. 이렇게 하면 몇 번의 트레이딩 기회를 놓쳐서 트레이딩 횟수는 줄어들지만 휩소도 줄어들게 된다. 본질적으로 이 방법은 다양한 트레이딩 스타일과 기질에 응용할 수 있는 견실한 기법이다(그림 19.3).

이 시점에서 중요한 개념이 또 하나 있다. 바로 합리적 분석이다. 이 분석 기법은 확증된 강세에 매수하고 확증된 약세에 매도할 수 있도록 한다. 펀더멘털을 기준으로 후보 종목을 미리 걸러 매수 리스트와 매도 리스트를 만드는 게 좋은 생각 아닐까? 이러한 걸러내기[filtering]는

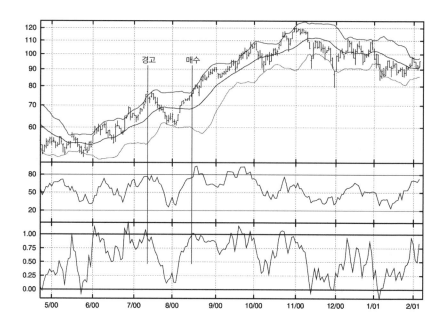

그림 19.3 기법 II 경고

퍼킨엘머, 200일. 우리의 기법에서 일부가 충족되지 못하면 경고 신호로 보아야 한다. '경고'라고 표시한 부분에서 주가와 지표가 다이버전스를 보이고 있다.

이 책의 범위를 벗어나는 주제이지만 기본적 분석과 기술적 분석의 결합인 합리적 분석은 대부분의 투자자가 직면하는 문제를 해결할 수 있는 견실한 접근법을 제공한다. 펀더멘털이 좋은 후보 종목이나 문제가 있는 종목을 걸러내면 결과가 향상되는 건 분명하다.

PART **20**

매매기법 III:
반전

　기법 III은 밴드 태그와 지표 움직임을 비교해 반전을 예측한다. 먼저 주가가 상단 밴드를 여러 번 건드리는 복수의 태그와 이에 수반되는 지표의 점진적 약세, 그리고 주가가 하단 밴드를 여러 번 건드리는 복수의 태그와 이에 수반되는 지표의 점진적 강세를 살펴볼 것이다. 그런 다음 외따로 떨어진 태그와 지표가 반대인 것을 찾는다. 즉 하나의 하단 밴드 태그와 긍정적 지표 혹은 하나의 상단 밴드 태그와 부정적 지표를 찾는다.

　1970년대 초반 이동평균을 일정한 비율로 아래위로 움직여 주가 주위를 둘러싸는 엔벌로프가 탄생했다. 이동평균에 '1 + 원하는 비율'을 곱해 상단 밴드를 만들고 이동평균에 '1 + 원하는 비율'을 나누어 하단 밴드를 만들기만 하면 완성되는 밴드였다. 계산하는 데 시간과 비용이 많이 들었기 때문에 조잡한 계산기와 연필이 전부였던 시절에 손쉽게 연산할 수 있도록 하기 위한 발상이었다.

시장을 예측해 마켓 타이밍을 투자의 근거로 삼는 마켓 타이머market timer와 수익률 좋은 종목에만 투자하는 스톡 피커stock picker는 이 발상을 재빨리 취했다. 왜냐하면 타이밍을 운용하는 데 필요한 고점과 저점을 정의해주었기 때문이다. 당시 오실레이터도 대유행이어서 비율로 만든 백분율 밴드 안의 주가 움직임과 오실레이터의 움직임을 비교하는 시스템이 많이 탄생했다.

당시 가장 널리 알려졌고 오늘날에도 폭넓게 사용되는 시스템은 21일 이동평균을 4퍼센트 위아래로 움직인 밴드 내에서 다우존스산업평균의 움직임과 브로드 마켓* 트레이딩 통계를 토대로 한 다음의 두 가지 오실레이터 중 하나와 비교하는 것이었다. 첫 번째 오실레이터는 뉴욕증권거래소의 21일간 상승 종목 누계에 하락 종목 누계를 뺀 값이었다. 두 번째 오실레이터는 뉴욕증권거래소의 21일간 상승 종목 거래량 누계에서 하락 종목 거래량 누계를 뺀 값이다. 상단 밴드 태그가 일어나고 두 가지 오실레이터 중 하나가 부정적(음수)이면 매도 신

---

* 거래량이 많고 거래도 활발한 시장—옮긴이

호로 보았다. 그리고 두 오실레이터가 같은 양상을 보이면 예측 신뢰도가 높다고 보았다. 브로드 마켓 데이터가 없는 종목의 경우에는 21일 일중강도^{11}를 계산해 거래량 지표로 썼다. 이 접근법과 수많은 변종이 오늘날 유용한 타이밍 가이드로 이용되고 있다.

이 접근법은 다양한 변용이 가능하기 때문에 실제로도 많은 기법이 탄생했다. 내가 개발한 방법은 오실레이터로 21일 누계 대신 이격도 그래프를 쓰는 것이다. 이격도 그래프는 단기 이동평균과 장기 이동평균의 차이를 나타내는 그래프다. 이 경우 평균은 '일일 상승 종목 수 – 일일 하락 종목 수'와 '일일 상승 종목 거래량 – 일일 하락 종목 거래량'이며 산출기간은 21일과 100일이다. 이 기법의 발상은 단기 이동평균에서 장기 이동평균을 뺀다는 것이다.

이격도 기법으로 오실레이터를 만들면 장기 이동평균을 이용해 시장 구조의 장기 경향성에 맞춰 조정(표준화)하는 효과가 있다는 것이 가장 큰 장점이다. [1] 이러한 조정이 없는 단순한 상승–하락Advance-Decline 오실레이터(그림 20.1)나 '상승 거래량 – 하락 거래량' 오실레이터는 종종 사용자를 속인다. 그러나 이동평균 간의 차이를 이용하면 문제의 소지가 있는 강세나 약세 경향을 아주 효율적으로 조정할 수 있다.

이격도 기법을 이용하면 폭넓게 이용할 수 있는 MACD 연산으로 오실레이터를 만들 수 있다(그림 20.2). 첫 번째 MACD 변수를 21로 하고 두 번째를 100으로 설정하고 세 번째를 9로 설정하라. 즉, 단기

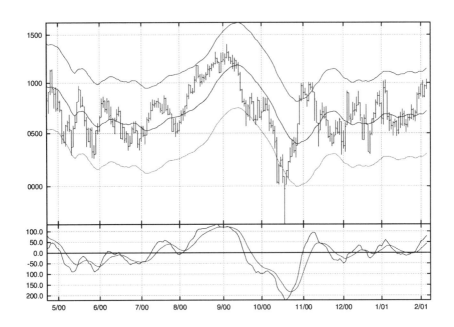

그림 20.1 4퍼센트 밴드와 상승—하락 오실레이터

다우존스산업평균. MACD를 이용해 상승—하락 오실레이터를 만들어 백분율 밴드와 타이밍을 맞춘다.

평균을 21일, 장기 평균을 100일로 잡고 시그널선을 9일로 설정한다. 입력 데이터는 '상승 종목 수 − 하락 종목 수'와 '상승 종목 거래량 − 하락 종목 거래량'이 된다. 사용하고 있는 프로그램이 백분율을 투입해야 하는 것이라면 첫 번째는 9퍼센트, 두 번째는 2퍼센트, 세 번째는 20퍼센트로 입력한다. [2] 그런 다음 볼린저 밴드로 백분율 밴드를 대체하면 [3] 마켓 타이밍을 포착하기 위한 매우 유용한 반전 시스템을 얻게 된다.

비슷한 맥락으로 지표를 이용해 천정과 바닥을 뚜렷하게 짚어내고

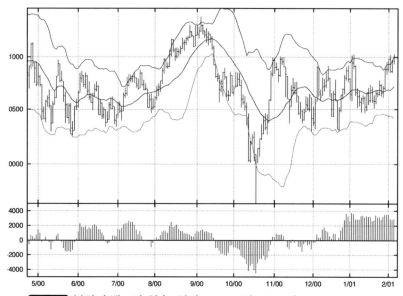

그림 20.2 볼린저 밴드와 상승–하락 MACD 히스토그램

다우존스산업평균. 그림 20.1 하단 클립의 두 MACD 선의 차이를 히스토그램으로 나타냈다.

그림 20.3 W2(W4), 매집/분산(AD) 지표

다우 케미컬, 150일. 매집/분산(AD) 지표가 주가 움직임을 확증한다.

추세 반전을 확증할 수 있다. 바닥을 재테스트하는 W형 패턴 중에서 W2를 예로 들어보자. 주가는 두 번째 저점이 더 낮지만 %b는 첫 번째 저점보다 더 높은 (상대적으로 본다면 W4 패턴(그림 20.3)) 바닥 패턴이 있으면 거래량 오실레이터인 MFI나 VW MACD 중 하나를 점검해 거래량 지표 역시 비슷한 패턴을 보이는지 살펴보라. ⁴ 거래량도 비슷한 패턴을 보인다면 첫 상승일에 매수하라. 거래량 지표가 다른 소리를 낸다면 기다렸다 다른 셋업을 찾아라.

천정도 원리는 비슷하지만 인내심이 필요하다. 전형적으로 천정은

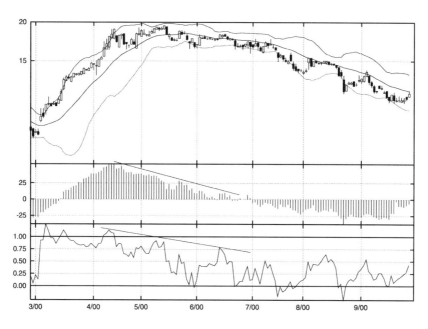

그림 20.4 M16(M12), 매집/분산(AD) 지표

라이온델. 150일. 천정권에서 %b와 상승–하락 오실레이터가 꾸준히 하락한다.

형성하는 데 시간이 더 걸리며 고점까지 서너 개의 봉우리를 만들며 치고 올라간다. 전형적인 구조를 보면 주가가 치고 올라갈 때마다 %b가 낮아지면서 AD 같은 거래량 지표가 낮아진다(그림 20.4). 이러한 패턴이 전개되면 거래량과 거래범위가 평균보다 유의미할 정도로 커지는 하락일을 살펴 매도해야 한다.

기법 Ⅲ에서 해야 할 일은 독립 변수인 거래량을 분석에 포함시켜 천정과 바닥을 분명히 짚어내는 것이다. 즉 거래량 지표를 이용해 매수세와 매도세가 어떻게 변하는지 뚜렷한 그림을 얻는 것이다. W형 패턴의 바닥을 거치면서 매수세가 증가했는가? 그렇다면 매수의 관점에서 바라봐야 한다. 주가가 고점을 향해 치고 올라갈 때마다 매도세가 증가했는가? 그렇다면 수익률 방어적인 관점에서 매도하거나 숏 포지션을 고려해봐야 한다.

기법 Ⅲ은 단순화와 체계화가 아주 쉽다. 패턴이 발달하면서 서서히 약세를 보이는 지표를 살피는 대신 개별적인 기회를 살필 수 있다. 기회를 살피는 최선의 방법은 밴드 태그와 21일 Ⅱ%나 20일 AD%가 태그와 동조하지 않는 지점, 즉 상단 밴드 태그와 부정적 지표 혹은 하단 밴드 태그와 긍정적 지표가 함께 나타나는 곳을 찾으면 된다. 이제 이 접근법을 체계화해보자. 이를테면 %b가 0.05보다 작고 Ⅱ%가 0보다 크면 롱 포지션을 취한다. %b가 0.95보다 크고 AD%가 0보다 작으면 숏 포지션을 취한다.

이러한 '긍정적 태그 + 부정적 지표'와 '부정적 태그 + 긍정적 지표'

셋업은 내가 처음 시도한 것으로 지금도 아주 소중하게 곁에 두고 있는 셋업들이다. 한번은 장기 지지영역이라고밖에 진단할 수 없는 지점에서 밴드 바로 바깥에 종가가 형성되는 기법 Ⅲ 셋업에서 매수에 들어간 적이 있다. 삼중 바닥이었고 주가가 붕괴될 가능성도 있어서 차트상으로 볼 때 무시무시한 곳이었다. 하지만 II%가 아주 긍정적이었고 저점을 찍은 다음 날 상승해서 셋업이 완결되었다. 가장 중요한 것은 그 종목의 신저점이 진입 포인트 바로 옆에 있어서 위험이 약 2.5포인트였다는 사실이다. 이 셋업의 합리적인 목표점이라고 할 수 있는 상단 밴드 태그는 10포인트나 떨어져 있어 위험/보상 비율은 1 : 4였다. 이만 하면 훌륭하지 않은가!

기법 Ⅲ을 권하는 가장 큰 이유도 이처럼 위험/보상 비율이 괜찮은 셋업을 도출해내는 능력 때문이다. 결론을 말하자면 흥미로운 패턴을 명확히 해주지만 이를 보강하는 증거 없이 행동하면 신뢰도가 떨어진다는 것이다.

- 기법 Ⅲ은 천정과 바닥을 정확히 짚어낸다.

- 위험/보상 비율이 훌륭한 셋업을 찾을 수 있다.

- 매수 셋업: 하단 밴드 태그와 긍정적 지표

- 매도 셋업: 상단 밴드 태그와 부정적 지표

- www.BollingeronBollingerBands.com에 유용한 기법 Ⅲ 셋업 목록이 등재된다.

데이 트레이더를 위한
고급 기법

제5부에서는 데이 트레이딩과 볼린저 밴드를 사용해 지표를 표준화하는 고급 기법에 대해 다루겠다. 데이 트레이더를 위한 차트 유형과 지표, 기법에 대한 상세한 안내를 하고자 한다.

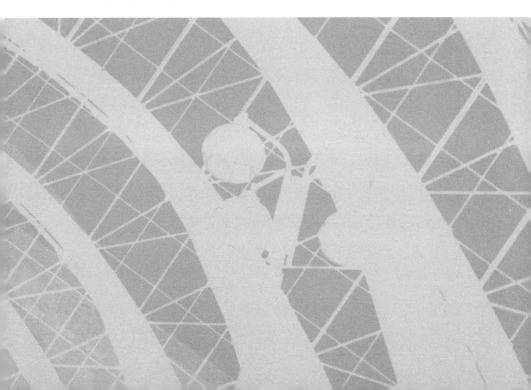

PART 21

볼린저 밴드를 활용한
지표 표준화

볼린저 밴드의 활용범위는 주가나 지수에 한정되지 않는다. 몇 가지만 예를 들어보면 경제적인 사안, 펀더멘털 데이터, 거래량, 기술적 지표 등에 활용될 수 있다. 이 데이터나 지표들이 오실레이터로 제시되든 혹은 한계가 없는 개방형으로 제시되든 문제가 되지 않는다. 각각의 경우마다 볼린저 밴드는 주가와 함께 쓰일 때와 똑 같은 기능, 즉 상대적인 고점과 저점을 규정해준다. 이렇게 하면 전통적인 절대적 수준과 규칙이 보여줄 수 없는 통찰력을 얻을 수 있다.

상대강도지수RSI를 예로 들어보자. 전통적인 규칙은 RSI 지표가 70

이상으로 상승하면 과매수, 30 이하로 하락하면 과매도로 해석한다. 아마도 이 지표를 이용하는 기법 중 가장 흔히 활용되는 기법은 30을 교차하는 긍정적인 신호에 매수하고 70을 교차하는 부정적인 신호에 매도하는 것이다. 하지만 이 기법은 문제의 소지가 다분하다. 70, 30 규칙이 들어맞을 때도 있지만 그렇지 않을 때도 있으며 이따금 참담하게 실패할 때도 있기 때문이다.

보다 견실한 RSI 접근법은 지속적인 강세장에서는 의사결정의 기준이 되는 틀을 70–30에서 80–40으로 조금 높이고 지속적인 약세장에서는 60–20으로 낮추는 것이다. 이렇게 함으로써 RSI 지표의 움직임으로 시장의 주요 추세를 진단하는 데 활용할 수 있으며 또한 추세에 대한 상대적 과매수–과매도를 확인하는 적절한 수준으로 의사결정 틀을 바꾸는 데도 활용할 수 있다. [1]

여기서 잠깐 주제에서 벗어나보자. 과거 '과매수'와 '과매도'는 시장의 거시적인 여건을 가리킬 때 사용되던 용어였다. 마지막 초강세장이 끝날 무렵인 1974년 가을 주식시장은 과매도 상태였고 볼링 관련 종목의 열풍[2]이 절정에 달한 1962년 봄 시장은 과매수 상태였다. 분석가들은 이것이 자주 나타나지 않는 현상이자 장기적인 시장의 전환점을 표시하는 현상으로 보았다. 그러나 시간이 지나면서 시간 틀이 사정없이 축소되자 이러한 정의는 일반 투자자에겐 쓸모없는 것이 되어버렸다. 오늘날 '과매수'과 '과매도'는 초기 분석가들이 상상도 하기 어려울 정도로 아주 단기간의 시간 틀에 적용되고 있다. 그러나 기본적인 정의는 모든 시간 틀에 적용된다고 봐야 한다. 아무튼 너무 빨리 너무 멀리 와버렸다.

시장 여건에 따라 RSI의 의사결정 틀을 단순한 70-30에서 바꾸는 것도 분명한 진전이지만 한 걸음 더 나아갈 수 있다. 어떻게? 지표 위에 볼린저 밴드를 그린 다음 밴드를 이용해 과매수와 과매도 수준을 설정하는 것이다. 이런 식으로 볼린저 밴드를 이용하면 시장에 따라 변하는, 적응력이 아주 뛰어난 접근법을 얻게 된다. 우선 지표 위에 볼린저 밴드를 설정하라. 그러면 절묘한 해법이 생긴다.

지표는 주가보다 훨씬 다채롭다. 주가 대부분이 '20일 기간, 2 표준편차'가 최선의 출발점이지만 지표는 각각 고유의 변수를 요구한다(표 21.1 참고). 일반적으로 주가에서 보다 장기의 추세를 파악하기 위하여 적절한 이동평균의 기간을 설정하는 것처럼 우리가 거래량 지표에서 50일 평균을 사용하는 것에 대해서는 이미 널리 알려져 있다. 그 외에는 지표 변수와 공식에 변화가 많아서 보편적인 지침을 만드는 게 불가능하다. 그러나 잘 작동되는 셋업을 예로 들자면 '14일 RSI와 50일, 2.1 표준편차 볼린저 밴드'가 있다. 이 변수의 조합을 이용하면 대부분의 주식에서 과매수와 과매도 수준을 쉽게 파악할 수 있고 전환점에서 다이버전스를 분명하게 확인할 수 있다.

표 21.1 지표의 볼린저 밴드 값

지표(기간)	길이	폭
RSI(9일)	40	2.0
RSI(14일)	50	2.1
MFI(10일)	40	2.0
II(21일)	40	2.0

날카로운 관찰력의 소유자라면 어떤 지표에도 적절한 볼린저 밴드 변수를 곧 찾아낼 수 있을 것이다. 앞서 주가의 경우에서 언급했듯 평균 산출기간을 고르는 방식으로 시작하라. 상승추세에는 평균이 지표의 상단 범위에서 움직이고 하락추세에서는 평균이 지표의 하단 범위에서 움직이게끔 서서히 적용되는 것을 볼 수 있을 것이다. 하지만 평균은 차트의 중앙 부분에 놓여야 하는데 MFI는 대체로 25~75 사이, RSI는 조금 더 좁게 30~70 사이이다. 평균이 상단 범위 위쪽이나 하단 범위 아래쪽 4분의 1 지점에 있다면 산출기간을 너무 짧게 잡은 것이다. 평균이 중간 지점에서 잘 움직이지 않으면 기간을 너무 길게 잡은 것이다. 그럴 경우 밴드의 표준편차 배수를 2부터 시작해 데이터의 85~90퍼센트가 밴드 내에 들어오도록 설정해야 한다.

지표 변수가 이렇게 천차만별인 이유가 있다. 바로 지표는 주가와 분산되는 방식이 다르기 때문이다. 사실 일부 지표는 분명히 비정규분포를 보이며 분산된다. 스토캐스틱은 꼬리 부분이 두꺼운 경향이 있는데 심지어 꼬리 부분이 중앙보다 더 두꺼운 U자 형태를 보이기도 한다

(그림 21.1). 반면 RSI는 꼬리가 더 얇다. 하지만 통계 때문에 골치를 썩일 필요는 없다. 위에 설명한 과정을 밟으면 효율적인 접근법을 얻을 수 있다.

이제 상단 밴드를 과매수 수준으로, 하단 밴드를 과매도 수준으로 삼자. 이를테면 RSI 70을 과매수 수준으로, MFI 20을 과매도 수준으로 삼는 것이다. 변수를 정확하게 설정하고 나면 하단 밴드 태그와 긍정적인 지표가 함께 나타날 때 매수 신호로 보고 상단 밴드 태그와 부정적인 지표를 과매수 신호로 보는 것 등 보편적인 의사결정 원칙은

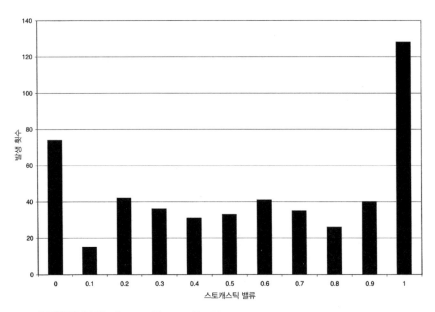

그림 21.1 분산 차트, 10일 스토캐스틱
IBM, 2년. 정규분포와 전혀 다른 모습을 보인다.

그대로 유효하다. 엄격한 틀이나 원칙 때문에 더 이상 골머리를 앓지 않아도 된다. 이것들이 모두 폐기되었기 때문이다. 밴드와 지표를 길잡이로 삼아 주요 추세에 올라 타라.

%b는 대체로 데이터 포인트인 종가의 위치를 볼린저 밴드 내에서 표시할 때 이용된다. 1.0이면 상단 밴드, 0.5면 중간 밴드 0.0이면 하단 밴드에 있는 것이다. %b의 범위는 0~1 사이에 한정되지 않고 상·하단 밴드를 이탈하기도 한다. 1.1이면 밴드폭의 10퍼센트만큼 상단 밴드보다 위에 있으며 −0.15라면 밴드폭의 15퍼센트만큼 하단 밴드 아래에 있다.

이제 절묘한 해법을 살펴볼 차례다. 지표가 부리는 마술을 잠깐 선보이겠다. 먼저, 지표를 산출하고 그려 넣어라. 둘째 변수 설정에 대해 설명한 방법을 사용해 그 위에 볼린저 밴드를 그려라(그림 21.2). 셋째, 지표와 방금 그린 밴드를 이용해 %b를 계산하라(표 21.2 참고). 넷째 %b만을 표준화해서 따로 그려라! 기대하시라 개봉박두! 그림 21.2와 21.3을 보면 신호가 보다 분명히 드러나는 것을 확인할 수 있을 것이다. 정말이지 마법 같은 일이 아닌가!

표 21.2 표준화한 지표 공식

(지표 − 지표 하단 밴드) ÷ (지표 상단 밴드 − 지표 하단 밴드)

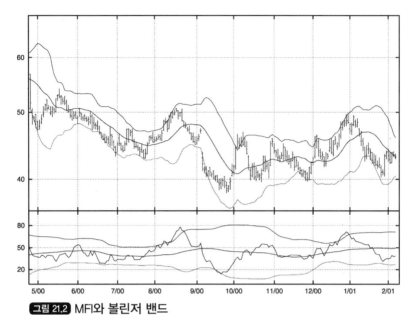

그림 21.2 MFI와 볼린저 밴드

듀퐁, 150일. 흔히 쓰이는 20, 80 수준 대신 밴드를 활용하면 고점과 저점을 보다 정확히 판단할 수 있다.

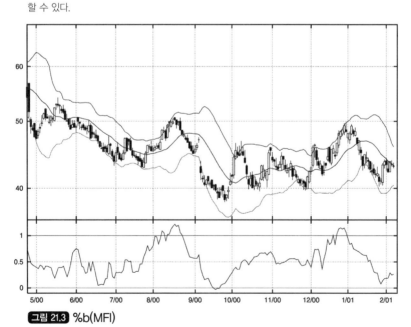

그림 21.3 %b(MFI)

듀퐁, 150일. 과매수 및 과매도가 더 뚜렷이 드러난다.

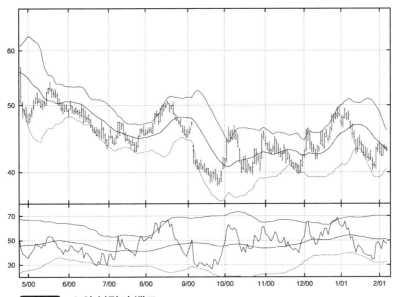

그림 21.4 RSI와 볼린저 밴드

듀퐁, 150일. 밴드가 과매수와 과매도를 확실히 보여준다.

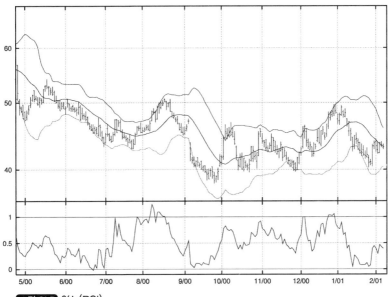

그림 21.5 %b(RSI)

듀퐁, 150일. 지표의 움직임이 더욱 분명히 드러난다.

지금까지 지표의 절대적 범위, 이를테면 RSI의 경우 1~100 대신 상·하단 밴드를 경계선으로 이용해 지표를 다시 그렸다. 지표의 표준화는 %b 공식의 가장 중요한 활용 중 하나다. 이런 식으로 표준화된 지표를 가리켜 %b(RSI)라고 적는다(그림 21.4 및 21.5 참고).

볼린저 밴드를 이용해 지표를 표준화하면 트레이딩 시스템에 포함되는 지표의 적응력이 높아진다. 이 기법은 매일의 지표를 누계해서 만든 개방형 지표나 미리 정한 일정한 범위 안에서 앞뒤로 움직이거나 기준선 위아래로 움직이는 오실레이터로도 만들 수 있다. 어떤 경우든 이러한 방법으로 고점과 저점을 새로 규정하면 사용자는 지표가 제공하는 정보를 정밀한 트레이딩 과정에 효과적으로 적용할 수 있다. 사실 이러한 작업들은 기계 발달 수준이 신통치 않았던 예전에는 불가능했던 일이다.

키 포인트! 이것만은 기억하자

- 볼린저 밴드를 이용해 지표 수준을 표준화하라.
- 일반적으로 산출기간을 길게 잡아야 한다.
- 지표의 %b를 산출해 그려 넣어라.
- 표준화된 지표를 사용하면 신호가 더욱 분명히 드러난다.

PART 22

데이 트레이더를 위한
기법 정리

볼린저 밴드는 데이 트레이더들 사이에 널리 이용되고 있다. 틱 차트부터 시작해 전 부분에 활용되고 있으며 활용 방식도 아주 다양하다. 밴드와 함께 이용되는 지표는 추세 지표나 모멘텀 지표가 주류를 이룬다. 거래량 지표 역시 구미가 당기는 대안이지만 데이 트레이더들은 거의 이용하지 않는다.

데이 트레이딩에서 가장 중요한 것은 차트 선택이다. 가장 섬세하게 변하는 것이 틱 차트이므로 트레이더들은 대부분 틱 차트를 단기 참고 자료로 삼는다. 틱 차트는 마지막 거래의 틱과 함께 매도·매수호가를 표시한다. 이렇게 하다 보면 거래가 활발한 종목의 경우 차트가 너무 복잡해지기도 한다. 틱을 연결하면 틱의 섬세함 때문에 실제 주가 구조가 나타내는 연속성보다 연속성을 더 과도하게 믿게 되므로 곤란한 지경에 빠질 수 있다. 시간 틀은 대개 1일 또는 2일이 바람직하지만 거래가 아주 활발한 주식의 경우 하루 동안의 정보조차도 너무 많이 몰려 있어 유용하지가 않다. 따라서 해석을 쉽게 하기 위해 기간을 짧게 잡아야 한다. 이를테면 2분의 1일 정도로 잡으면 된다.

각자 주로 트레이딩하는 시간, 즉 주 분석 대상인 시간을 알아야 한다. 이 시간을 차트의 기본 시간으로 설정한다. 장 마감 후 거래를 한다거나 하는 특별한 경우가 생기면 그때 변경하도록 하고 우선은 트레이딩 세션 사이의 빈 공간을 제거해 세션과 세션 사이의 연속성을 분석하기 쉽게 해야 한다. 지표가 세션 간 연결성을 갖도록 만들 계획이라면 특히 중요하다.

차트 분석을 위해서는 바 차트와 캔들스틱 차트가 좋다. 단기 분석이라면 견실한 바를 생산할 수 있는 최단기간이 필요하다. 바의 견실성을 계량화하는 가장 쉬운 방법은 각 바의 종가를 살피는 것이다. 종가가 고점이나 저점과 일치하는 경우가 많다면 막대 길이가 너무 짧은 것이다(그림 22.1). 종가가 고가와 일치했다, 저가와 일치했다 하지 않고, 적절한 형태의 바가 나올 때까지 서서히 바의 시간 틀을 늘려라(그림 22.2). 매수호가와 매도호가를 오가는 움직임을 기록하는 것이 아니라 주가가 형성되는 메커니즘을 살펴보는 것이 목표이기 때문이다.

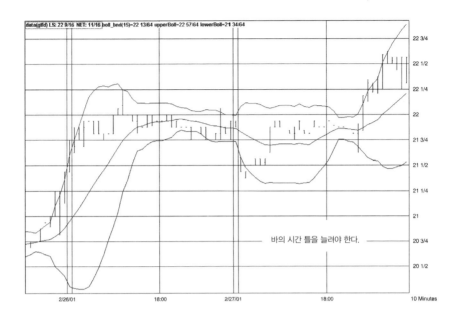

data(gtfd) LS: 22 9/16 NET: 11/16 boll_bnd(15)=22 13/64 upperBoll=22 57/64 lowerBoll=21 34/64

22 3/4
22 1/2
22 1/4
22
21 3/4
21 1/2
21 1/4
21
20 3/4
20 1/2

바의 시간 틀을 늘려야 한다.

2/26/01   18:00   2/27/01   18:00   10 Minutes

그림 22.1 단기 바 차트: 바의 시간 틀이 너무 짧다

길포드 제약, 10분 바. 종목의 거래 특성에 비해 시간 틀이 너무 짧아 종가가 바의 고점과 저점
에 위치하는 경우가 너무 많다. 주가의 동향을 알 수 없고 스퀴즈도 지연된다.

각자 단기 바에 맞는 기간을 찾았으면 중기 및 장기 분석을 위한 차
트를 골라야 한다. 시장의 흐름에 맞는 바와 차트의 기간을 고르고 나
면 훨씬 나아진다. 일일, 주간, 월간, 분기별은 생각할 필요도 없이 당
연한 것이지만 하루를 어떻게 쪼갤 것인가가 우선적인 문제다. 먼저
시간별로 나누어보자. 개장 첫 30분을 1시간으로 치면 차트에 하루가
7시간으로 표시된다. 개장 전 시간을 1시간으로 치고 종장 후 세션을
1시간으로 치면 하루는 전부 9시간이 된다. 또는 내가 선호하는 방법
대로 30분을 하나의 단위로 하고 개장 전과 종장 후를 각각 하나의 단

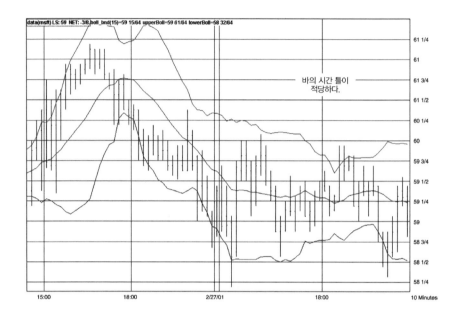

data(msft) LS: 59 NET: -3/8 boll_bnd(15)=59 15/64 upperBoll=59 61/64 lowerBoll=58 32/64

바의 시간 틀이
적당하다.

61 1/4

61

61 3/4

61 1/2

60 1/4

60

59 3/4

59 1/2

59 1/4

59

58 3/4

58 1/2

58 1/4

15:00   18:00   2/27/01   18:00   10 Minutes

그림 22.2 단기 바 차트: 바의 시간 틀이 적절하다

마이크로소프트. 10분 바. 주가의 움직임이 훨씬 뚜렷하게 나타난다.

위로 취급하는 것이다. 그러면 하루에 총 15개의 바가 생긴다.

심리적으로도 적합도가 높은 시간 단위 차트, 즉 다른 사람들도 보고 있거나 적어도 알고 있는 그런 시간 단위를 선정하여 트레이딩의 자연스러운 리듬을 탈 수 있도록 하는 것이 중요하다. 그렇지 않으면 알맹이 있는 정보가 실종되고 만다. 물론 각자 스타일과 트레이딩 수단에 적합한지 고려해야 한다. 하지만 어떤 선택을 하든 자신의 스타일을 훼손하지 않으면서 시장의 현실에 맞는 차트를 만들어야 한다. [1]

이제 차트의 기본을 설정했다면 어떤 분석 기법을 적용할지 고민해야 한다. 이 책에서 논의한 볼린저 밴드와 관련된 기법들은 데이 트레이딩에서 널리 이용되고 있고 앞서 언급한 자료들 중 상당 부분이 바로 적용할 수 있는 것들이다. 데이 트레이더와 얘기를 나눌 때마다 늘 언급되는 두 가지 공통적인 주제가 있었다. 최저점과 최고점에서 매수·매도하기, 그리고 변동성 돌파에 진입하기였다. 두 가지 접근법 모두 볼린저 밴드와 아주 잘 맞는다.

잠시 복습해보자. 고故 브루스 밥콕은 자신이 가장 선호하는 접근법으로 변동성 돌파 시스템을 꼽았다. 이 시스템은 볼린저 밴드와 겹치는 부분이 많다. (볼린저 밴드를 이용해 변동성 돌파 시스템을 구축하는 방법은 15장과 16장에 설명되어 있다.) 대개 주가 변동성이 작아지면 표준편차가 작아지고 밴드폭도 좁아진다. 스퀴즈가 발생해 상단 밴드가 돌파되면 매수 신호가 발효된다. 이 포지션은 대체로 파라볼릭 손실제한을 이용해 청산한다. 주가가 밴드 안으로 다시 들어오는 시점을 청산 신호로 이용할 수도 있다. 스퀴즈 이후에 하단 밴드를 이탈해 내려가면 공매도 신호가 발효된다. 이때도 밴드로 다시 진입하는 시점을 기준으로 하거나 파라볼릭을 이용해 손실제한을 설정한다. 스퀴즈가 발생하지 않으면 돌파를 이용할 때 극히 조심해야 한다. 이 접근법에서 스퀴즈는 필요조건이다.

데이 트레이더로서 정점, 즉 최저점과 최고점에서 트레이딩을 하려면 볼린저 밴드를 과매수와 과매도의 준거로 이용할 수 있다. 상단 밴드를 한참 상회하여 상승이 이어지면 직전 고점을 손실제한으로 설정하고 첫 번째 약세 신호에서 공매도한다. 반대로 하단 밴드를 한참 하회하면 직전 저점을 손실제한으로 설정하고 첫 번째 강세 신호에서 매수한다. 밴드 자체도 신호가 될 수 있다. 이를테면 추세를 이탈한 뒤에 하단 밴드가 상향하기 시작하면 추세가 끝났다는 신호가 된다. 또한 밴드 변수가 트레이딩하는 종목에 잘 맞으면 밴드를 이탈하지 않고 방향을 선회할 수 있는데 이때는 중간 밴드를 최초 목표가로 설정해 진입한다.

거래량 지표도 데이 트레이딩에서 유용하지만 하루 중 거래량이 골고루 분산되지 않기 때문에 문제가 될 수 있다. 대개 거래량 대부분은 하루의 시작과 끝 부근에 몰린다. [2] 이 책에 제시된 거래량 지표를 차트 위에 놓고 자신의 환경에 가장 적합한 지표가 무엇인지 살펴보아야 한다. AD와 II는 막대가 아주 구체적이어야만 제대로 작동한다. 즉, 막대가 기저에 깔린 트레이딩 메커니즘을 잘 반영해야 한다는 이야기다. MFI와 VW MACD도 훌륭한 기회를 찾아내는 데 든든한 지원군이 될 것이다.

세션과 세션이 맞붙도록 차트를 설정했다면 트레이딩 세션 사이의 간극에 유의하라. 갭gap*이 발생하면 더더욱 유의하라. 공식적인 장이 마감되어도 주가 형성의 메커니즘은 지속된다. 새로운 정보가 포착돼 다른 거래소에 반영되거나 시간외거래 혹은 개장 전 세션에 반영

---

* 주가가 전일 고가보다 훨씬 높은 수준에서 시작하여 계속 상승하거나, 전일 저가보다 낮은 수준에서 시작하여 계속 하락할 때 차트에 나타나는 공백−옮긴이

되면 이전 세션의 종가와 이튿날 시가 사이에 갭이 생긴다. 이런 '장외' 정보는 이동평균, 밴드, 지표를 모두 왜곡시킬 수 있다.

볼린저 밴드의 기본적인 기법과 활용법은 약간의 변형만으로도 단기 트레이딩에 훌륭하게 적용될 수 있다. 다만 접근법을 각자의 스타일에 맞추고 차트 기간을 잘 선택하는 게 관건이다.

키 포인트! 이것만은 기억하자

- 차트는 신중하게 선택하라.
- 스퀴즈 이후 돌파 시 트레이딩하려면 볼린저 밴드 변수를 타이트하게 잡아라.
- 밴드 밖에서 반전이 발생하면 매도하라.
- 거래량 지표를 활용하라.
- 세션과 세션의 경계를 넘을 때 유의하라.

제6부

총정리

● ● 제6부에서는 지금까지 설명한 것을 요약해서 정리하겠다. 먼저 볼린저 밴드를 적용하는 열다섯 가지 기본 원칙을 열거하고 몇 가지 설명을 덧붙여두었다. 그리고 이 책을 읽는 독자들에게 당부하고 싶은 말들을 간략하게 정리했다.

열다섯 가지 기본 원칙

볼린저 밴드에 관해 반드시 기억해야 할 기본원칙을 제시하면서 글을 끝맺고자 한다.

1. 볼린저 밴드는 상대적인 고점과 저점을 규정할 수 있는 준거가 된다.

2. 상대적 준거로 주가 움직임과 지표 움직임을 비교하면 정확한 매수·매도 의사결정이 가능하다.

3. 모멘텀, 거래량, 투자자의 심리, 미결제 약정, 시장 간 데이터에서 적절한 지표를 도출할 수 있다.

4. 변동성과 추세는 볼린저 밴드를 구축할 때 이미 반영되었으므로 이 두 가지를 주가 움직임을 확증하는 근거로 삼지 말라.

5. 확증에 활용하는 지표들 사이에 서로 직접적인 연관관계가 없어

야 한다. 같은 범주의 지표 두 가지를 함께 쓴다고 해서 신뢰도가 높아지는 것은 아니다.

6. 볼린저 밴드를 이용해 M형 천정과 W형 바닥, 모멘텀 변동 등 순수한 주가 패턴을 명확히 식별할 수 있다.

7. 주가는 상단 볼린저 밴드를 타면서 상승하거나 하단 볼린저 밴드를 타면서 하락하기도 한다.

8. 볼린저 밴드를 이용한 변동성 돌파 시스템에서 드러나듯 볼린저 밴드 밖에서 종가가 형성되면 반전 신호가 아닌 지속 신호다. 변동성 돌파 시스템은 성공률이 높은 시스템이다.

9. 밴드폭의 기본 설정값인 20일 이동평균과 2 표준편차는 그야말로 기본 설정일 뿐이다. 시장과 실전 투자에서 필요한 변수는 얼마든지 달라질 수 있다.

10. 볼린저 밴드 구축에 활용하는 이동평균은 중기 추세를 잘 설명해야 한다.

11. 이동평균 산출기간을 길게 잡으면, 즉 장기 이동평균을 쓰면 표준편차도 같이 늘려야 한다. 이를테면 20일 평균에 2 표준편차라면 50일 평균에는 2.1 표준편차를 적용한다. 마찬가지로 평균 산출기간이 짧아지면 표준편차 배수도 줄어든다. 이를 테면 10일 평균에는 1.9 표준편차를 쓴다.

12. 볼린저 밴드는 단순이동평균을 토대로 한다. 왜냐하면 단순이동평균이 표준편차 계산에 사용되므로 논리적 일관성을 유지하기

위해서다.

13. 밴드 구축에 활용한 표준편차 연산을 토대로 통계학적 가정을 도출하기에는 무리라는 점을 유의하라. 볼린저 밴드가 통계학적으로 의미를 갖기에는 표본의 크기가 너무 적고 정규분포를 보이는 경우도 거의 없기 때문이다.

14. 고정된 한계치를 제거하면서 %b로 지표를 표준화할 수 있다.

15. 마지막으로 밴드 태그는 태그일 뿐 신호가 아니다. 상단 볼린저 밴드 태그는 그 자체만으로는 매도 신호가 될 수 없다. 하단 볼린저 밴드 태그 역시 그 자체로 매수 신호가 아니다.

글을 마치며

상대성을 논하며 글을 시작했으므로 다시 상대성으로 돌아가 글을 맺는 것이 옳을 듯하다. 올리버 웬델 홈즈 주니어는 법률도 시대에 맞게 변해야 한다고 생각했고 자신의 신념에 지나지 않는 것을 판결에 적용하는 판사들에 맞서 싸웠다. 이런 점에서 홈즈는 '열린 투자자'의 아버지다. 그는 사건, 법률, 사회를 상대적인 맥락으로 보고 그 속에서 모든 걸 저울질했다. 감정에 휩쓸리지 않았고 개인적인 신념으로 판단을 흐리지도 않았다. 또한 판사들이 법률을 제정하는 것에 강력히 반대했다. 상대성, 절제, 사법소극주의라는 이 원칙들은 투자에도 그대로 적용할 수 있다. 홈즈 같은 투자자가 되려면 자신의 신념이 과연 옳은지 검증하고 상대적 틀 속에서 결단을 내려야 하며 그 과정에서 감정에 휘둘리거나 되는 대로 원칙을 변경해서는 안 된다.

이 책은 적응력이 뛰어난 상대적인 의사결정 틀을 제시하고 있으며 앞으로 오랫동안 당신에게 큰 도움이 될 것이다. 시장은 변하고 경제도 변하고 투자자도 변한다. 즉 모든 것이 변한다. 하지만 이 도구들은 시장 변수, 주가, 변동성, 거래량을 통해 시장의 변화에 맞춰 변형할 수 있다.

음악 평론가 스코트 야노우Scott Yanow는 『All Music Guide to Jazz』에서 음악가 앨버트 에일러Albert Alyer를 이렇게 묘사했다.

괴성을 지르는 듯한 폭발적인 사운드에서 시작해 초기 뉴올리언즈 타입의 군악대까지 나아간 테너 색소폰 연주자 앨버트 에일러에 대해 이렇게 말할 수 있으리라. 너무 앞서 가는 바람에 결국 처음으로 돌아갔다고!

볼린저 밴드와 관련 도구 및 기법은 충분히 발전했기 때문에 당면한 실전, 즉 트레이딩과 투자에 집중할 수 있다. 이러한 툴을 적용하면 언제든지 기본으로 돌아갈 수 있다. 내가 앨버트 에일러의 궤적을 따랐는지는 당신이 판단해주길 바란다. 부디 내가 그랬기를 바란다.

볼린저 밴드 같은 분석 기법을 발명하면서 보람을 느낄 때가 있다. 바로 다른 사람들이 내가 만든 기법을 사용하는 것이다. 볼린저 밴드를 활용하는 방법은 다양하므로 각자의 분석유형에 맞춰 다양한 기법을 시험해보기 바란다. 새로 발견한 것이나 쇄신한 것이 있으면 이메일 BBands@BollingerBands.com으로 알려주면 고맙겠다.

마지막으로 중요한 문제를 짚고 넘어가겠다. 투자를 하려면 어떤 준비를 해야 하는지 늘 질문을 받는다. 첫째 대학 교양 강좌 수준의 통계학 지식을 쌓으면 숫자를 이해하는 기초를 다질 수 있다. 둘째 심리학 기초 강좌 몇 가지를 들으면 시장의 움직임을 이해할 수 있다. 특히 군중 심리학을 추천한다. 그리고 마지막으로 프로그램 짜는 법을 배우라고 권하고 싶다. BASIC이나 LISP를 먼저 익히라. 전문 개발자들은 C 언어를 사용하지만 BASIC으로도 분석 프로그램을 다루기에 충분하다. LISP는 요즘엔 잘 쓰지 않지만 배워두면 재미있고 어떤 언어를 쓰든 유용하게 쓸 기술을 익힐 수 있다. 무엇을 하든 컴퓨터 때문에 겁먹지 말라. 컴퓨터는 한낱 도구일 뿐이며 이리저리 다뤄보면 재미도 있고 보람도 있다.

투자는 고된 작업이다. 부디 건투를 빈다.

부록

● ● 부록에는 미주, 용어풀이, 참고문헌 등이 있는데 중요한 내용들이다. 미주는 본문에 반드시 포함시킬 필요는 없지만 설명이 필요한 부분을 따로 밝혔으며 용어풀이로 각종 용어를 설명했고 읽어두면 좋은 정보가 될 자료를 참고문헌에 밝혀두었다. 마지막으로 평소에 쉽게 활용할 수 있도록 M형 패턴과 W형 패턴, 지표 산출 공식을 정리해두었다.

미주

| 저자 서문 |

1. 지난 몇 년 사이 한때 기술적 분석으로 간주되던 분석 틀 중 상당
   부분이 떨어져 나와 수량 분석이나 행동학 영역에 포함되었다. 대
   체로 기술적 개념과 펀더멘털 개념을 혼합한 수량 분석은 오늘날
   수많은 기관 투자가들이 추종하고 있다. 행동학파는 현재는 연구
   분야에 한정되어 있지만 전문 투자자들이 서서히 행동학을 응용
   하고 있다. 범주는 이렇게 혼란스럽지만 합리적 분석을 떠받치는
   개념은 분명하다. "꼬리표가 뭐라고 붙었든 잘 통하는 걸 써라."

| 1장 |

1. 『Einstein: A Life in Science』, Michael White and John Gribbin, Gutton Books, 1994.
2. 『The Common Law』, Oliver Wendell Holmes, Jr., Little, Brown & Co., 1881.

| 2장 |

1. 라인 차트는 논리적 연관성이 없는 점들을 이어나가기 때문에 마치 연속성이 있는 것 같은 착각을 심어줄 수 있다. 데이터 포인트가 서로 독립적인 점을 연결하기 때문에 연속성이 생기는 문제가 발생하는 것이다. 주가 외에 지표 등 다른 데이터 분석에서도 이런 문제가 발생한다.
2. 일부 P&F 차트에는 시간이 표시된다. 이를테면 X, ○에 상관없이 매달 첫 번째 기둥을 개월 수에 맞게, 즉 1월에는 하나, 2월에는 둘... 11월에는 11개, 이런 식으로 기둥을 올릴 수 있다. 다른 시간 틀에도 이 방식을 적용할 수 있다.
3. 이 목적으로는 50일 이동평균이 가장 널리 사용되는데 대부분의 트레이더에게 잘 통한다. 그러나 각자 트레이딩 스타일에 맞게 늘

리거나 줄여도 무방하다.

| 3장 |

1. 이동평균 교차 최적화는 볼린저 밴드 산출기간을 결정하는 출발
    점이다. 이 기술적 과정을 통해 이동평균선이 주가와 교차할 때
    최상의 매수·매도 신호를 발효시키는 이동평균을 구해야 한다.
    최적화 기간을 두 배로 늘려라. 그러면 종종 좋은 결과를 얻을 수
    있다. 이 방식의 논리는 사이클 분석에서 나온 것으로 사이클 분
    석에서는 4분의 1 혹은 2분의 1 사이클 이동평균이 종종 유용한
    결과를 낳는다.

2. 변수의 작은 변화에 둔감한지 여부는 트레이딩 시스템 개발에서
    핵심이 되는 기준이다. 이를테면 18, 20, 22일 평균에서 모두 비
    슷한 결과를 내는 시스템이, 20일 평균에서 탁월한 결과를 보이
    지만 18, 22일 평균에서는 그저 그런 결과를 내는 시스템보다 훨
    씬 낫다.

| 4장 |

1. 유명한 투자계획에 대한 논의는 『New Methods for Profit in the Stock Market』, Garfield Drew, 1955 참고.
2. 적응력이 탁월한 시스템은 이러한 속설에서 어느 정도 자유롭다. 퍼지 논리, 중립 네트워크, 유전적 알고리즘은 적응력이 뛰어난 시스템으로 시장 환경이나 시간의 변화에도 능히 살아남는다. www.EquityTrader.com에서 실례를 살펴볼 수 있다.

| 5장 |

1. 광범위하게 유포된 개념은 아주 널리 수용되어서 효용이 희석되거나 극단적인 경우 반대의 결과를 가져올 수도 있다. '시가총액이 작은 소형주는 장기적으로 시장 수익률을 상회한다'는 원리는 너무 많은 사람들이 수용하는 명제가 되어 완전히 효용이 상실되고 말았다. 이제는 쓸모가 다해 퇴출되고 만 것이다. 하지만 이런 경우는 "길거리에 지나가는 사람 아무나"라고 말할 수 있을 정도로 많은 사람들이 수용하는 원리에 한정된다.

6장

1. 기술적 분석의 역사는 가장 밝히 드러난 부분조차도 분명하지가 않다. 나는 가능한 철저히 조사해보려고 노력했다. 내가 참고한 자료들 중 상당 부분은 소식지에 실린 것이거나 보조 자료로 발간된 것이었다. 문서가 소실된 경우도 많았는데 일부는 의도적으로 폐기했을 것으로 추정된다. 지식과 기법 중 상당 부분이 기밀로 유지되었고 소수 집단 사이에 '그들만의 비밀'로 전수되어왔다는 주식시장의 생리에 비춰볼 때 충분히 짐작할 수 있는 일이다. 서로 상충하는 주장들이 많은데 이를 해결할 수 있는 자들은 서로 딴 속셈이 있다. 밴드, 엔벌로프, 관련 지표나 시스템에 대한 추가 정보를 준다면 고맙겠다.

2. 중심가격은 가장 오래된 기법이다. 가장 흔히 쓰이는 공식은 '{(고가 + 저가 + 종가) ÷ 3}'이다. 시가를 알 수 있으면 시가까지 포함시켜 '{(시가 + 고가 + 저가 + 종가) ÷ 4}'로 산출하기도 한다. 나는 일찍이 볼린저 밴드를 산출할 때 중심가격을 활용하라고 권고했는데 이 기법은 여전히 유용하다. 중심가격을 볼린저 밴드의 토대로 활용하면 조금 느리고 부드러우며 완만한 밴드가 나오는데 이런 특징이 유효할 때가 있다.

3. 유명한 상품 트레이더인 리처드 데니스Richard Dennis는 여러 트레이더들에게 자신의 독특한 기법을 가르쳤다.

4. 지금은 은퇴했지만 허스트J. M. Hurst는 1970년대 세미나를 개최하며 연구 영역을 확장했다. 세미나 자료는 대부분 소실된 것으로 추정되어왔는데 최근 Ed Dobson of Trader's Press가 허스트에게 접촉해 재발간하는 프로젝트에 착수했다. 이 책은 원래 1973년 발간된 것으로 세 권의 두꺼운 바인더와 오디오테이프 세트로 구성되어 있다.

5. 주식시장의 폭Stock Market Breadth은 상승주와 하락주, 하루 동안의 상승 종목과 하락 종목의 거래량, 그리고 52주 신고점 및 신저점 같은 시장 통계를 말한다. 이는 상승의 폭이 어느 정도인지 나타내는 척도가 되기 때문에 연산 결과가 클수록, 즉 폭이 넓을수록 시장에 참여하기 좋은 기회라는 의미가 된다.

6. 볼린저 밴드가 적응력이 탁월한 이유는 바로 이처럼 평균에서 분산된 값을 제곱하기 때문이다. 특히 주가 구조에 갑작스러운 변화가 일어날 때 이 적응력이 빛을 발한다.

| 7장 |

1. 과거의 변동성과 앞으로 예상되는 변동성은 연관성이 있다는 사실이 드러났다. 따라서 두 변동성 간의 차이를 분석하면 유용한 트레이딩 정보를 얻을 수 있다.

2. 볼린저 밴드에는 나누는수를 n−1로 바꾸는 추정치 연산 대신 모집단 연산을 이용한다. 이렇게 하는 이론적인 근거는 없다. 최초 테스트에서 모집단 연산이 잘 통하는 것 같아 사용하게 되었다. 추정치 연산을 쓰면 밴드가 살짝 더 넓어지는 경향이 있다.

3. 이 책이 다루는 영역을 벗어나는 주제이긴 하지만 간단히 설명하겠다. 다른 이유로 주가는 '정규분포'를 보이지 않는다는 점도 있다. 주가 분포도는 예상을 뛰어넘게 훨씬 변화가 심하다. 주가 분포도는 '통통한 꼬리fat tail'를 갖고 있다. 따라서 많은 경우 통계학적 추론을 적용할 수 없다. 이를테면 연산기간을 30일로 잡으면 데이터의 95.4퍼센트가 아니라 89퍼센트가 밴드 안에 포함된다. 9장 참고.

4. 마크 차이킨은 보마르 밴드의 데이터 포함률로 85퍼센트를 제시했는데 이 정도 수준이 아주 유효하다는 것이 입증되었다.

| 8장 |

1. 기술적 분석에 익숙한 사람이라면 %b 산출 공식이 조지 레인이 개발한 스토캐스틱 공식에 토대를 두고 있다는 사실을 눈치 챌 것이다. 기본적인 스토캐스틱 산출 공식은 '(최근 주가 − n일 최저점) ÷ (n일 최고점 − n일 최저점)'이다. 레인은 자신이 개발한 지

표를 %d, %k 등으로 명명했다. 따라서 레인의 명명 시스템에 따라, 그리고 내 접근법의 유래를 밝히는 차원에서 나도 %b라고 이름 붙였다. 물론 레인이 %b라는 용어는 쓴 적이 없다는 사실을 확인했다. 미 중서부 출신인 조지 레인은 여러 해 동안 세스나210 경비행기를 타고 다니며 현물 트레이더들에게 자신의 트레이딩 기법을 전수했다. 독실한 기독교 집안에서 자란 레인의 강의실은 부흥 전도 집회를 연상케 한다.

레인은 절대 놓치고 지나가선 안 되는 인물이다! 주가가 세 번의 급등을 거쳐 고점에 이른다는 이론을 처음 내게 가르쳐준 사람이 레인이다. 나는 레인의 원리를 결코 잊을 수 없을 뿐 아니라 세월이 지날수록 점점 더 음미하게 된다. 레인은 스토캐스틱으로 '세 번 급등 후 고점'을 진단하며 나는 볼린저 밴드와 거래량 지표를 활용해 진단한다. 가끔 레인이 현물이 아니라 주식을 연구했다면 어떤 지표를 개발해냈을까 상상해본다. 왜냐하면 주식은 주가와 거래량 정보가 동시에 제공되지만 현물시장에서는 거래량 정보가 하루 늦게 단 한 번 추정치로 제공되기 때문이다.

2. 수학에 능한 사람이라면 볼린저 밴드의 밴드폭 기본 설정을 적용하면 평균값으로 표준편차를 나눈 값의 4배와 일치하며 '변동계수 × 4'와 일치한다는 걸 알 수 있을 것이다. 여기서도 물론 통계학적 가설을 주장하려는 건 아니다. 단지 우리가 사용하는 연산이 도출되는 과정을 설명하려는 것이다.

3. 캉은 세 가지 시간 틀을 활용하자고 주장했다. 캉의 접근법은 왼쪽에서 오른쪽으로 갈수록 시간 틀이 커지도록 세 개의 차트를 나란히 놓는 것이었다. 캉은 이런 차트를 석 장을 이어붙인 그림이라는 의미로 '트립틱^{triptych}'이라 불렀다.

| 9장 |

1. 정규분포를 구하는 방식은 두 가지로 모집단^{母集團} 연산과 표본 연산이 있다. 두 연산의 차이는 최종 나눗수다. 표본 연산은 n−1, 모집단 연산은 n을 최종 나눗수로 쓴다.

2. GARCH^{generalized autoregressive conditional heteroskedasticity} and ARCH^{autoregressive conditional heteroskedasticity}는 변동성 사이클에 초점을 맞춘 수학적 이론이다. 상세한 정보는 http://www.mathworks.com/access.helpdesk/help/toolbox/garch/chap1_tu.shtml에 접속해보라. 이 장 전체는 좀 장황하지만 앞부분은 개괄적으로 정리가 잘 되어 있다.

10장

1. 기술적 패턴을 모두 다루는 건 이 책의 영역을 넘어선다. 참고문헌에 있는 슈바커Schabucker나 에드워드Edwards와 매기Magee의 저서를 참고하라.

2. 『전략적 분석Statistical Analysis』의 저자이자 전략적 소프트웨어 트레이너인 샘 캐시 캐시건Sam Kash Kachigan의 Lennox System 참고 (참고문헌 참고).

3. 모든 차원이나 수준에서 동일한 패턴이 확장되는 것이 프랙탈이다. 따라서 '큰' 머리어깨형의 오른쪽 어깨 꼭대기에 머리어깨형이 나타나면 이 패턴은 프랙탈 패턴이다. 프랙탈은 카오스 시스템에서 흔히 발생한다. 관련 이론을 알고 싶으면 제임스 글레이크James Gleick의 저서 『카오스Chaos』(New York: Viking, 1987)를 참고하라.

11장

1. 선물계약이라면 증거금 때문에 포인트 필터가 더 보기 좋을 수도 있다. 선물계약을 체결하면 전체 가격을 주고 계약하는 게 아니라 선물보증금을 예탁하게 된다. 가격 수준에 상관없이 보증금은 동

일하다. 따라서 20에서 1포인트 움직이나 100에서 1포인트 움직이나 트레이더에겐 동일한 경제 가치를 갖는다.

2. 제곱근 법칙에 관한 맥컬리의 연구는 대체로 1930년대 초반에 이루어졌다. 그러나 정확히 《애널리스트Annalist》 몇 호에 실렸는지 찾을 수가 없었다. 채권의 표준 변동성 측정, 수정 듀레이션modified duration을 개발한 것도 맥컬리다. SRR에 대해 더 자세히 알고 싶으면 놈 포스백Norm Fosback의 『주식시장 논리Stock Market Logic』를 참고하라(참고문헌).

3. RTR의 TechniFilter Plus에서 볼린저 박스 서비스를 제공한다. TechniFilter에서 볼린저 박스를 만들려면 박스 크기에 nnmm%를 사용하는데 nn은 배수, mm은 거듭제곱이다. O.nn ×종가^0.mm. 간단한 볼린저 박스를 원한다면 'Box Size'에 1,750%를 입력하고 'reversal'에 3을 입력, 'High:Low'에는 'Use'를 입력한다.

4. 레비의 실험이 실패한 이유는 아마도 각 종목의 변동성을 필터로 사용했기 때문일 것이다. 이렇게 하면 노이즈와 함께 신호도 상당수 제거된다. 공식적인 주식 전자거래 사이트인 www.PatternPower.com은 똑같은 패턴을 사용했지만 변동성 필터 대신 볼린저 박스를 이용해 상당한 실적을 올렸다.

5. 대문자 M과 대문자 W는 모두 5개의 점을 4획으로 연결한 형태다. 5점을 이용하면 2^5=32가지 패턴이 가능하다.

| 12장 |

1. 마크 더글러스Mark Douglas는 『훈련된 트레이더The Disciplined Trader』(참고문헌 참고)에서 탐욕을 "충분히 갖지 못하면 어쩌나 하는 두려움"이라고 정의했다. 이 책은 독자의 뇌를 자극하는 저서다. 우리가 '시장'이라고 부르는 도가니에서 이런 감정이 드러난다는 것을 생각해보면 시장 분석가는 흥미진진한 직업임에 틀림없다.

2. '내리막길이 더 빠르다'는 속설은 경험으로도 여실히 입증된다. 일례를 들어보자면 2000년 봄 나스닥 종합지수가 37퍼센트 폭락했을 때 넉 달 반 동안 얻은 수익이 3주 만에 증발해버렸다.

| 13장 |

1. 머리어깨형을 분석할 때는 M형들을 살피는 게 가장 손쉬운 듯하다. 왜냐하면 M형은 천정과 논리적으로 부합하고 W형은 바닥과 논리적으로 부합하기 때문이다.

| 14장 |

1. 거래량 지표 같은 지표는 개방형 혹은 폐쇄형 두 가지 중 하나의 형태로 나타난다. 개방형 지표는 대개 첫 데이터 포인트부터 누적 합계를 계속 구해나가는 연산방식을 쓴다. 폐쇄형 지표 역시 총계를 구하기도 하지만 일정한 기간, 이를테면 10일 혹은 20일 동안의 누계를 기록한다. 개방형 지표는 대개 주가와 같은 클립에 놓고 직접 비교할 수 있으며 폐쇄형 지표는 대개 클립을 따로 두며 흔히 '오실레이터'라고 부른다.

2. 엘리어트의 파동이론은 사이클 세 개가 결합된 형태로 나타난다. 맨 처음 사이클(최단기) 이후 각각의 사이클 길이는 앞선 사이클 길이의 두 배가 된다(여기서 다시 한 번 세 개의 다른 시간 틀이 나타난다!). 1986년 내가 쓴 연구서에 이 과정을 밝혀놓았다. 이 연구서에는 마이크로소프트 베이직으로 된 짧은 컴퓨터 프로그램도 있어 길이별로 사이클을 결합해 실험하고 결과를 살펴볼 수 있다.

| 15장 |

1. 수학에 능한 사람이라면 '밴드폭 = (표준편차 ÷ 평균) × 4'라는 것을 눈치 챘을 것이다. 통계학에 능한 사람이라면 또한 이것이

'변동계수coefficient of variation × 4'라는 걸 알 수 있을 것이다.

2. 우리가 세미나에서 가르치는 스퀴즈는 변동성 그 자체에 관한 볼린저 밴드까지 포함하기 때문에 조금 더 복잡하다. 먼저 종가의 20일 표준편차, 혹은 중심가격을 구하고 125일 평균, 1.5 표준편차 폭의 볼린저 밴드를 구축한다. 20일 표준편차가 하단 밴드에 태그하면 스퀴즈가 발효된다.

3. 주식시장에는 '뉴스에 팔라'는 말이 있는데 헤드 페이크는 이 속설의 결과일 수도 있다. 새로운 정보가 시장에 들어오면 트레이더가 이를 이용해 포지션을 변경하기 때문에 진짜 추세가 자리 잡기 전에 일시적으로 시장이 왜곡되는 건 아닐까?

| 16장 |

1. 이러한 논리는 켈트너의 10일 이동평균 규칙과 시장 진입 규칙은 비슷하지만 시장에서 빠져나오는 출구 규칙은 다르다. 켈트너의 접근법은 롱 포지션이든 숏 포지션이든 항상 시장에 있는 것이었다. 반면 우리의 접근법은 위험/보상 비율이 탁월한 지점을 찾아 그때그때 트레이딩하는 것이다.

2. 1980년대 중반 스티브 노티스Steve Notis는 이러한 기법들 중 상당수를 모아 프로페셔널 돌파 시스템을 발표했다.

3. 오늘날 기술적 분석 소프트웨어는 대부분 파라볼릭을 지원하며 손으로도 연산할 수 있다. 상세한 내용은 웰레스 와일더의 『기술적 트레이딩 시스템의 새로운 개념New Concepts in Technical Trading Systems』을 참고하기 바란다(참고문헌). 그 책에 의하면 파라볼릭은 완결된 시스템이지만 우리는 출구 전략으로만 사용한다.

| 17장 |

1. http://www.dictionary.com
2. 이를테면 기관 투자가들이 펀드의 포지션을 매매할 때 사용하는 술수를 반영하기 위해 고안되었다. 일중강도Ⅱ는 트레이더들이 장 마감이 다가오면서 그들이 주문한 방향으로 주가를 끌고 가는 경향이 있다는 전제하에 하루 동안의 주가범위에서 종가가 어디에 있는지 살펴봄으로써 이 '술수'를 반영한다.

| 18장 |

1. 매집/분산AD을 연산하려면 시가가 있어야 한다. 《월스트리트 저널》지는 오랫동안 매일 시가를 다른 가격 및 거래량과 함께 표시

했는데 1970년대 초반 목록을 늘리기 위해 시가를 빼버렸다. 따라서 분석가와 트레이더들은 수십 년 동안 시가를 접하지 못했고 최근에야 주식 데이터의 전자 배포가 확산되면서 이런 행태가 바로잡혔다.

2. MACD = 12일 지수이동평균 − 26일 지수이동평균

   시그널선 = MACD의 9일 지수이동평균

3. 거래량 가중평균을 구하려면 각 기간의 주가와 그 기간의 거래량을 곱한다. 그런 다음 나온 수를 모두 더하고 그 결과를 같은 기간의 거래량 누계로 나눈다. 10일 거래량 가중평균 = {(종가 × 거래량)의 10일 누계} ÷ 거래량 10일 누계.

| 19장 |

1. 웰레스 와일더의 파라볼릭은 최초 설정한 변수를 0.02에서 0.2까지 늘리면서 손실제한 가격을 포지션 방향대로 조정해나간다. 최초의 설정값을 높게 잡으면 손실제한 가격의 변화 속도가 더 빨리 높아진다. 이렇게 하면 빨리 청산할 수 있지만 약간의 되돌림이나 휩소(속임수 신호)에도 청산될 가능성이 있다.

20장

1. 암스 지수Arms Index를 연구해보았더니 뉴욕증권거래소의 지수는 장기적으로 상승한다는 것이 입증되었다. 암스 지수는 거래된 종목과 거래 종목의 거래량 사이의 균형을 설명하는 지수다. 산출 공식은 '(상승 종목 수 ÷ 하락 종목 수) ÷ (상승 종목 거래량 ÷ 하락 종목 거래량)'이다. 암스 지수가 1이면 중립, 강한 상승일에는 1보다 작고 하락일에는 1보다 크다. 암스 지수의 장기 평균은 1.00이 아니라 0.85다. 이로써 장기적으로 보아 시장이 상승한다는 것을 알 수 있으며 이런 강세 경향에 맞추어 지표를 조정해야 한다는 것을 알 수 있다.

2. MACD는 지수이동평균을 사용하며 일수日數가 아니라 백분율로 표현된다. 일수를 알고 있을 때 연산에 필요한 백분율 값을 얻으려면 '2 ÷ (n+1)' 공식을 사용하라. n은 일수를 가리킨다.

3. 너무 신호가 많이 발효된다 싶으면 연산기간을 30 이상으로 늘리면 된다.

4. 21일 일중강도II나 매집/분산AD 백분율은 여기서도 유용하다.

21장

1. 앤드류 카드웰Andrew Cardwell이 RSI를 해석하는 이러한 접근법에 대한 연구를 꽤 진척시켰으며 책을 준비하고 있다.

2. 1962년 볼링 주株는 2000년대 초반 인터넷 주처럼 기록적으로 폭등했다가 순식간에 폭락했다. 사람들은 미국에서 볼링이 오락으로 대유행을 하여 골목마다 볼링장이 들어서고 전 국민이 볼링을 즐기게 될 거라 믿었다. 볼링핀 자동 세팅 장치라는 핵심 기술을 이슈로 하여 엄청난 성장이 예상되었다.

22장

1. MESA 같은 프로그램을 이용해 주 사이클의 길이를 정하고 사이클에 맞게 바를 설정하는 것도 흥미롭다. 이를테면 80분 사이클이라면 20, 40, 80, 160분 바를 만든다.

2. 거래량–분산 문제를 해결하는 한 가지 방법은 일일 주기를 이용해 거래량을 표준화하는 것이다. 이 문제는 이 책의 영역을 벗어난다.

용어풀이

- Acceleration(가속도): 변화율의 변화율, 즉 주가의 2계도 함수를 측정하는 지표. 추세 변화를 조기에 감지하는 데 유용한 지표다.

- Accumulation(매집): '똑똑한 투자자' 혹은 '시장 내막에 밝은 사람들'이 주가 상승을 예측하고 주식을 사 모으는 과정. 기술적 분석가에게 핵심이 되는 개념이다. 많은 지표, 특히, 거래량 지표들이 이 과정에 주안점을 두고 있다. 주식이 큰 움직임을 보이기 전 현명한 투자자들이 주가 상승을 예견하고 주식을 매수하는 기간이 있다는 것을 가정한 개념이다.

- Accumulation Distribution(매집/분산, AD): 각 기간의 시가와 종가의 관계를 토대로 하는 거래량 지표. 래리 윌리엄스Larry Williams가 개발하였다. 일본식 캔들스틱과 밀접한 연관관계에 있어 일본식 거래량이라고도 한다. 산출 공식은 '(종가 − 시가) ÷ (고가 − 저

가) × 거래량'이다. MFI 및 거래량 지표 참고.

- Advance-Decline Line(등락주선): 상승 종목 수에서 하락 종목 수를 뺀 것을 매일 누계하여 선으로 나타낸 지표. 시장 평균과 비교해 장기 수익이 낮아서 많은 사람들이 이 지표의 무용론을 주장했다. 하지만 21일 총계와 밴드를 함께 쓰면 꽤 흥미진진한 마켓 타이밍 툴이 된다.

- Alpha(알파): 시장에 영향을 미치던 세력이 모두 제거되고 난 뒤, 즉 시장의 영향력이 제로(0)라는 전제 위에서 증권의 수익률을 나타내는 수학적 잣대. EquityTrader.com은 상승주 및 하락주의 알파를 각각 계산해준다.

- Arithmethic Scale(산술 스케일): 주가 수준에 관계없이 차트상의 거리가 일정한 포인트 값을 나타내는 차트 스케일링 기법. 로그 스케일 참고.

- Arms Index(암스 지수): 리처드 암스가 개발한 지표로 주식시장의 매수세와 매도세 중 어느 쪽이 시장을 지배하고 있는지 나타내는 척도가 된다. 지표의 구성 요소는 상승 종목 수와 하락 종목 수, 상승 종목 거래량과 하락 종목 거래량이다. 지표가 1.0이면 매수세와 매도세가 균형을 이루고 있다. 1.0보다 높으면 매도세가 우세하며 1.0보다 낮으면 매수자들이 시장을 장악하고 있다. 장기적으로 보아 시장은 상승추세를 보이며 이 지표의 평균은 0.85 내외가 된다. 이 지표에서 개방형 암스 지수Open Arms Index라는 아주 흥미로운

마켓 타이밍 툴을 만들 수 있다. 산출 공식은 '(상승 종목 수 ÷ 하락 종목 수) ÷ (상승 종목 거래량 ÷ 하락 종목 거래량).' 개방형 암스 지수 참고.

- Backup(후퇴): Retracement(되돌림) 참고.

- Balanced Fund(균형펀드): 대체로 주식과 채권에 모두 포지션을 보유하는 분산 투자 방식. 시장 환경이 변하면 채권과 주식 보유 비율을 바꾸기도 한다. 최근에는 롱 포지션과 숏 포지션을 동시에 보유하는 투자 방식을 가리키는 말로 쓰이기도 한다.

- Band(밴드): 주가 추세를 중심으로 주위에 그린 선. 채널 및 엔벌로프 참고.

- Bar Chart(바 차트): 일정 기간에 발생한 트레이딩을 수직 막대로 표시한 차트. 주가를 y축에, 시간을 x축에 표시한다. 바의 꼭대기는 그 기간의 고가를, 바의 바닥은 저가, 왼쪽으로 가지처럼 뻗은 것은 시가, 오른쪽으로 가지처럼 뻗은 것은 종가를 표시한다.

- Base(베이스): 주가 하락 후 비교적 좁은 범위에서 거래되는 구간. 대개 주가 상승의 전조가 된다. 최근엔 주가밀집consolidation을 '베이스'라고 부르는 경향이 강하다.

- Beta(베타): 개별 증권이 시장 전체의 움직임에 대해 반응하는 정도, 즉 얼마나 민감하게 반응하는지를 측정하는 수학적 잣대. 베타가 1.0이면 중립, 즉 시장과 거의 동일하게 움직이고 2.0이면 시장 변동폭보다 두 배로 움직이며 0.5면 시장의 절반만큼 움직인다.

318

EquityTrader.com에서 상승주와 하락주의 베타를 계산해준다. 알파 참고.

- Black Scholes(블랙 숄즈): 가장 유명한 옵션 평가 모델. 공정가치, 내재 변동성 등 모든 옵션 변수를 연산하는 데 사용된다. 매우 유용한 툴로 대부분의 기술적 분석 소프트웨어에 내장되어 있다. 『전략적 투자로서의 옵션Options as a Strategic Investment』, Lawrenece McMillan, New York: New York Institute of Finance, 1986 참고.

- Bollinger Band(볼린저 밴드): 이동평균 주위에 구축한 밴드로 고점과 저점을 상대적 기준에서 정의한다. 밴드폭은 주가의 표준편차에 일정한 상수를 곱한 것이다. 볼린저 밴드의 기본 설정값은 20일 이동평균, 2 표준편차이다.

- Bollinger Bar(볼린저 바): 종가가 시가보다 낮으면 시가와 종가 사이의 공간을 붉은색으로, 종가가 높으면 초록색으로 칠하는 새로운 방식의 바bar. 나머지 부분(위와 아래의 그림자)은 푸른색으로 칠한다. 일본식 캔들 차트와 서구식 바의 결합으로 탄생했다.

- Bollinger Box(볼린저 박스): P&F 차트의 적절한 박스 크기를 산출하는 방식. RTR의 TechniFilter Plus에서 지원하고 있다.

- Bomar Band(보마르 밴드): 밥 브로건과 마크 차이킨이 개발한 트레이딩 밴드. 지난 1년간 데이터의 85퍼센트가 포함되도록 아래위로 밴드를 구축한다.

- Bottom(바닥): 주가가 상당 기간의 저점을 찍을 때 주가의 기술적 패턴을 가리키는 용어. V형 혹은 W형 바닥이 가장 흔하다. V형은 스파이크형 바닥이라고도 부른다. W형은 주가가 두 번 바닥으로 떨어지는데 두 번째 저점이 첫 번째 저점을 재테스트한다.

- Breadth(폭): 시장 움직임의 일부를 이루는 거래소에서 매매되는 주식의 수. 이 수가 전체의 큰 부분을 차지하면 폭이 충분하고 움직임을 잘 떠받친다. 이 수가 적으면 시장이 얇고 지속성이 의심된다.

- Breakout(돌파): 저항영역 위로 주가를 끌어올리는 움직임. 특히 주가가 거래범위 내에서 등락을 거듭하던 움직임을 끝내고 거래범위 밖으로 치고 올라가는 현상을 가리킨다. 붕괴도 비슷한 개념이지만 지지영역 아래로 주가를 끌어내리는 움직임을 일컫는다.

- Bull Market(강세장): 주가가 지속적으로 상승하는 기간.

- Call Option(콜옵션): 옵션 보유자에게 특정 기간 동안 특정 가격에 주식을 매수할 수 있는 권리(의무가 아님)를 부여하는 옵션. 풋옵션 참고.

- Candlestick Chart(캔들스틱 차트): 일본식 차팅 기법으로 시가와 종가의 관계에 따라 '캔들' 몸통의 색깔을 칠해 차트 위에 주가 동향을 표시한다. 전통적인 서구의 기법으로 주가 동향을 한눈에 알 수 없을 때 캔들스틱 차트가 유용하다. 볼린저 바 참고.

- Capitalization(시가총액): 한 기업의 시장 가치. 발행한 주식의 수에 최근 종가를 곱한다.

- Channel(채널): 나란한 추세선들 사이에서 상당 기간 주가가 형성되는 차트상의 영역. 이때 추세선이 상승 또는 하락할 수도 있고 수평을 이룰 수도 있다. 둘 이상의 두드러진 고점 혹은 저점을 잇고 반대편에 평행선을 그어 만든다. 선형회귀선 같은 중심선 주위로 채널을 그릴 수도 있다.

- Commission(수수료): 거래 서비스에 대한 보상으로 중개인에게 주는 비용.

- Confirmation(확증): 시장에서 주가와 지표가 일치해 거래 신호를 발효하거나 전망의 예측력을 높여주는 상태. 공선성 참고.

- Congestion Phase(밀집 구간): 상승 또는 하락 이후 주가가 좁은 범위에서 거래되며 추세가 없는 구간. 피봇 참고.

- Consolidation(밀집): 강한 움직임 뒤에 잠시 숨을 고르는 상태. 밀집 기간에는 강세주의 상대강도 선이 수평으로 눕거나 살짝 아래로 향하기도 하므로 피봇이라고도 한다.

- Contrary Opinion(역발상): 험프리 닐Humphrey Neil이 창안한 이론으로 '대세'에 거스를 것을 제안한다. 즉 모두가 오른다고 할 때 신중하게 내릴 가능성을 감안해보고 모두가 내린다고 할 때 오를 가능성을 고려해보라는 것이다. 시장이 극단적으로 한쪽으로 치우칠 때 위력을 발휘하는 투자 기법이다.

- Convergence(수렴): 추세선들이 지금 혹은 조만간 한 지점으로 모이거나 교차하는 현상. 다이버전스 참고.

- Coppock Curve(코포크 곡선): 권위 있는 투자 소식지《Trendex》 발행인 E. S. C. 코포크E. S. C. Coppock가 개발한 최근가중치평균 기법. 원래의 코포크 곡선은 월간 데이터를 지난해 같은 달과 비교해 등락률을 구한 뒤 이 수치를 가중평균으로 계산해 지표화했다. 코포크는 소식지에 글을 기고할 때 "당신들에겐 분에 넘치는 아까운 정보"라는 식의 어투를 처음 쓴 기고가였다.

- Correction(조정): 추세 안에서 일어나는 추세에 저항하는 움직임. 그러나 추세를 무너뜨리지는 않는다.

- Crossover(크로스오버): 주가가 한계치를 넘어설 때 발효되는 신호. 대개 이동평균선이 한계치가 된다.

- Cycle(사이클): 주기적으로 일어나는 사건. 가장 좋은 예로 4년 주기인 대통령 재임 기간에 따라 주가가 변하는 대통령 사이클이 있다. 변동성도 사이클이 존재한다. 이를테면 재무부 채권(미 재무부가 발행하는 만기 5년 이상의 장기 채권)은 19일 변동성 사이클을 갖고 있다.

- Deflation(디플레이션): 물가가 하락하는 기간. 디플레이션이 심각한 상태에 이르면 구매력 역시 감소한다.

- Disinflation(디스인플레이션): 인플레이션 뒤 물가가 안정을 찾아가는 움직임.

- Distribution(분산): 똑똑한 투자자들이 기민하지 못한 어수룩한 투자자에게 주식을 팔아넘기는 과정. 시장이 천정을 쳤다고 생각해

주가 하락을 예상하고 매도한다.

- Divergence(다이버전스): 추세선들이 향후 만날 수 없는 상태. 이를테면 주가 추세선이 상승하고 지표 추세선이 하락하면 이 두 추세선을 아무리 길게 연장해도 서로 만나지 않는다. 따라서 '엇나간다diverge'고 표현한다. 상승 다이버전스와 하락 다이버전스가 있는데 두 선이 서로 의미 있는 관계에 있다면 주가 추세선이 상승하고 지표 추세선이 하락할 경우 약세장이 예측된다.

- Double Bottom(이중 바닥): 저점으로 떨어졌다가 반등한 뒤 저점을 재테스트함으로써 완성되는 패턴.

- Double Top(이중 천정): 고점을 기록했다가 되돌림 후 다시 상승하지만 신고점 갱신에는 실패하는 패턴.

- Elliott Wave(엘리어트 파동): R. N. 엘리어트가 개발한 이론으로 모든 시장은 다섯 개의 주요 파동과 세 개의 조정 파동으로 구성되는 일정한 패턴에 따라 움직인다는 것이 골자다. 이러한 패턴들은 그 안에 또 패턴을 내포하고 있으며 모든 파동은 다시 상위 패턴인 모⺟패턴과 유사한 구조로 분열된다. 이후 시장의 프랙탈 속성이 밝혀지면서 이러한 자기대칭 구조가 입증되었다. 엘리어트와 윌리엄 갠의 작업은 시장의 내부 구조를 연구하는 대표적인 접근법이다. 이 기법을 이용하면 큰돈을 벌 수 있다고 생각하는 사람들이 있다. 그러나 실상을 보면 과거에 일어난 일을 극도로 상세하게 설명하지만 미래를 예측하는 데는 거의 무용하다.

- Envelope(엔벌로프): 주가 주위로 선을 구축하되 주가가 상대적 고점인지 저점인지 가늠할 수 있는 잣대가 되는 이동평균 같은 중앙의 추세가 없다.

- EquiVolume(이큐볼륨): x축에 시간 대신 거래량을 표시하는 차팅 기법. 인베스토그래프Investograph의 에드윈 퀸Edwin S. Quinn이 개발했고 현재 암스 지수의 리처드 암스가 애용하고 있다. 전통적인 차팅 기법에 대한 대안으로 주가 흐름에 대한 통찰력을 얻을 수 있다. 이 기법을 기본으로 쓰는 건 권하지 않지만 패턴이 불분명해서 명확하게 판별할 툴이 필요할 때 유용하다.

- Exponential Moving Average(지수이동평균): 최근 가격에 가중치를 두는 이동평균. 기하학적 곡선에 따라 과거로 갈수록 중요도가 낮아짐.

- Fibonacci(피보나치): 자연에서 많이 발견되는 1.618대 1의 비율을 발견한 유명한 이탈리아 수학자. 앞선 두 항(숫자)의 합이 다음 항(수)이 되는 수열이다. 1부터 시작해 1, 1, 2, 3, 5, 8, 13, 21, 34, 55, 89, 144.... 이를테면 144 ÷ 89 = 1.618이며 89÷ 144 = 0.619이다. 이 비율이 시장의 내적 질서를 나타낸다고 믿는 사람들이 많다.

- Filter(필터): 원래의 자료인 미가공 데이터에서 의미 없는 정보를 걸러내 분석을 돕는 수학적 도구. 내가 즐겨 쓰는 것은 백분율 필터로 일정한 비율 이하의 모든 변동을 제거한다. 아서 메릴의『걸러진 파동Filtered Waves』참고(참고문헌).

- Five-Point Pattern(5점 패턴): 수학적 필터를 이용해 주가 패턴을 범주로 나누는 방법. 열여섯 가지 M형과 열여섯 가지 W형 등 모두 서른두 가지 5점 패턴이 있다.

- Fund(펀드): 다수의 투자자가 자금을 출자해 공동의 목표를 추구하는 투자 형식.

- Fundamental Analysis(기본적 분석): 기저에 놓인 근본적인 요소와 사실을 중심으로 어떤 종목의 미래 주가를 예측하는 분석 기법. 이를테면 기업의 성장 전망을 분석해 주가가 너무 싸다고 생각되면 매수한다. 기본적 분석가는 자신들의 분석이 정확하며 시장의 가격이 분석과 일치하지 않으면 가격이 잘못된 것이므로 바로 거기에 기회가 있다고 믿는다. 반면 기술적 분석가들은 시장이 옳다고 믿는다.

- Fundamental Indicator(펀더멘털 지표): 현금흐름, 장부가액, 판매실적, 수익 등을 분석해 기업이나 경제를 분석하는 지표. 전통적으로 회계학적 자료지만 요즘에는 보다 포괄적인 의미로 사용되고 있다.

- Futures(선물): 계약자가 정한 시점까지 상품을 미리 정한 가격에 매수하거나 인도할 의무를 지는 계약. 대체로 선물 계약은 이행을 보장하기 위해 선물보증금을 예탁해야 한다.

- Growth Stock(성장주): 기업의 현재 가치에 비해 미래 전망이 기대되는 주식. 특히 지속적으로 급속히 성장할 것이 예상되는 주식.

성장주 기업은 대개 배당이익이 낮거나 없기 때문에 전통적인 분석 기법으로는 분석하기가 어렵다. 종종 어떤 평가 기법으로도 포착되지 않는 기업들이 부상하는 경우가 있는데 인터넷 관련주들이 급부상했던 예를 상기하면 될 것이다.

- Head and Shoulder(머리어깨형): 차트상에서 세 부분으로 구성되는 기술적 패턴. 머리와 어깨 사이에 목선이 있으며 주가 등락에 따라 거래량도 따라서 증감한다. 대개 천정에서 나타나지만 바닥에서 역머리어깨형으로 나타나기도 한다.

- Hedge(헤지): 서로 일정한 특성(위험)을 상쇄하도록 둘 이상의 트레이딩 대상을 조합하는 것. 이를 통해 하나의 트레이딩 전략이나 포지션을 구축하는 것이 목표다.

- Hedge Fund(헤지펀드): 뮤추얼 펀드의 일종으로 롱 포지션과 숏 포지션을 동시에 보유하고(또는 보유하거나) 레버리지를 활용한다. 국제금융의 성격을 띠기도 한다.

- High(고가): 일정 기간에 기록된 최고 주가.

- Histogram(히스토그램): 기준선(대개 0)에서 데이터 포인트까지 수직으로 선을 그은 차트. 지표를 그래프로 표시할 때 흔히 쓰이는 기법이다.

- Hotline(핫라인): 가장 최근의 시장 상황을 토대로 투자 업데이트를 제공하는 서비스. 처음엔 전화, 팩스로 전달했으나 요즘은 대개 이메일로 전송한다.

- Index(지수): 출발일 혹은 기준이 되는 날짜를 중심으로 일정한 기준가치(대개 100)를 기준으로 조정 환산한 일련의 데이터. 주가 상승 정도, 인플레이션 혹은 통화가치를 측정하는 데 사용된다.

- Industry Group(업종): 유사한 업종의 종목을 하나로 묶어서 부르는 명칭.

- Industry Group Analysis(업종군 분석): 비슷한 기업 특성을 공유하는 유사 업종의 주식을 함께 묶어서 시장을 분석하는 기법. 업종군industry group과 마켓섹터market sector가 포트폴리오 수익률의 중요한 요소임을 보여주는 다양한 연구 결과가 나와 있다.

- Inflation(인플레이션): 시간이 흐르면서 구매력(대개 화폐 단위당 구매력)이 저하되는 경향. 예를 들어 연간 인플레이션율이 2퍼센트라면 지금 1.00달러로 살 수 있는 것을 이듬해에는 1.02달러를 지불하고 사야 한다.

- Intermediate Term(중기): 중간 정도의 중요도를 보이는 시장 움직임을 포함하는 시간 틀. 투자자별로 적합한 중기 시간 틀은 달라진다.

- Intraday Intensity(II, 일중강도): 거래범위에서 종가의 위치를 토대로 한 종목의 자금흐름을 설명하는 거래량 지표. 데이비드 보스티언이 개발했다. 산출 공식은 '(2 × 종가 − 고가 − 저가) ÷ (고가 − 저가) × 거래량'.

- Japanese Volume(일본식 거래량): 매집/분산AD 참고.

- Line Chart(라인 차트): 데이터 포인트들을 하나의 선으로 연결한 차트. 많은 양의 데이터를 표시해야 할 때, 혹은 데이터를 하나의 포인트로 나타날 때 유용하다.

- Liquidity(유동성): 본질적으로 트레이딩 가능성을 나타낸다. 즉 유동성이 클수록 매매가 쉽다. 이를테면 부동산은 상대적으로 비유동적이며 종종 거래가 완료되려면 6개월 이상이 걸리기도 한다. 반면 거래량이 많은 주식은 상대적으로 유동적이며 단 몇 초 안에 거래가 완료되기도 한다. 유동성이 낮을수록 거래 비용이 비싸다.

- Log Scale(로그 스케일): 차트의 y축에서 일정한 거리가 동일한 가치를 나타내는 것이 아니라 동일한 비율의 변화를 나타내는 차트 스케일. 장기 차트에 특히 유용하다. 산술 스케일 참고.

- Long(롱): 주식을 보유하고 있는 상태. 숏의 반대말.

- MACD(이동평균 수렴확산 지수): 제럴드 아펠이 개발한 지표. 단기 평균과 장기 평균의 차이를 비교한다. VW MACD 참고.

- Median(중위): 일군의 데이터의 중간점.

- Mode(모드): 일련의 데이터에서 가장 두드러진 공통 요소.

- Momentum(모멘텀): 포인트 혹은 백분율로 나타낸 일정 기간의 주가 변화. 이를테면 오늘의 뉴욕증권거래소 지수에서 12일 전 뉴욕증권거래소 지수를 차감하는 방식이 가장 널리 쓰이고 유용한 모멘텀 측정 방식이다. 변화율 참고.

- Monetary Indicator(통화 지표): 연방자금금리federal fund rate 혹은

통화공급량money supply의 증가율. 통화 환경 판단의 단서가 된다.

- Money Flow Index(MFI, 현금흐름 지표): 오남용 사례가 많은 용어에 속한다. 여기서는 편의를 위해 세 가지로 정의한다. Money Flow Ⅰ, Money Flow Ⅱ, Money Flow Ⅲ 참고.

- Money Flow Ⅰ: 주가 움직임과 거래량을 연계시켜 한 종목의 자금 유입과 유출을 측정하는 모든 지표. AD, II, OBV, PVI 참고.

- Money Flow Ⅱ: 웰레스 와일더의 상대강도지수RSI를 거래량 가중으로 계산한 지표. 매우 유용하다.

- Money Flow Ⅲ: 돈 워든Don Worden이 처음 개발한 지표. 틱 볼륨이라고도 한다. 매매별 주가와 거래량을 측정하는 수학적 도구. 샘 헤일Sam Hale과 라즐로 비리니Lazlo Birinyi가 현재 최고 권위자.

- Moving Average(이동평균): n일 동안의 주가 평균. 거래일이 경과할 때마다 가장 오래된 주가 데이터를 빼고 최종 데이터를 넣어 계산해나간다.

- M Top(M형 천정): 봉우리 두 개가 대문자 M을 닮은 전형적인 차트 패턴. 세 개의 봉우리로 확장되기도 한다. 천정형 중 가장 흔한 반전 패턴이다.

- Multicollinearity(공선성): 여러 가지 지표가 서로를 확증하는 것처럼 보이지만 사실은 모두가 같은 메시지를 보내기 때문이 확증이 아닌 함정. 동일한 부류의 지표를 여럿 사용하는 것이 전형적인 예이다.

- Mutual Fund(뮤추얼 펀드): 많은 사람의 자금을 하나로 모아 공동의 목표를 추구하는 투자 방식.

- Negative Volume Index(NVI): 중요한 주가 움직임은 거래량이 감소하는 날에 일어난다는 가정에서 출발한 지표. NVI나 PVI 둘 중 하나를 택해야 하며 둘 다를 쓸 수는 없다. 우리는 PVI를 선호한다. PVI 참고.

- Net Bulls(순 강세 지표): 강세장을 예측하는 사람에서 약세장을 예측하는 사람의 비율을 뺀다. 시장 심리를 측정하는 가장 좋은 방법 중 하나.

- Nonconfirmation(비확증): 주가 움직임과 지표 움직임이 서로 호응하지 않을 때. 대개 현재 진행 중인 추세의 반전이 임박했음을 경고하는 신호가 된다.

- Normal Distribution(정규분포): 평균값을 중앙으로 종 모양의 좌우대칭 곡선으로 분포되는 도수분포.

- Normalized Capitalization(표준화한 시가총액): 다른 모든 기업과 비교한 한 기업의 시장가치를 백분율로 환산한 것. 100이 가장 크고 0이 가장 작다.

- Normalized Indicator(표준화한 지표): 스토캐스틱, %b 같은 수학적 변환을 이용해 표준화된 형태로 환산한 지표 혹은 하나의 공통 인수로 환산한 지표.

- On Balanced Volume(OBV): 조 그랜빌이 대중화시킨 거래량

지표. 일일 거래량 변화의 신호를 살핀다. 전일에 비해 종가가 상승하면 전일 OBV에 당일 거래량을 더하고 전일에 비해 종가가 하락하면 전일 OBV에 당일 거래량을 빼는 식으로 누계해나간다.

- Open(시가): 일정 기간 중 최초로 거래된 주가.

- Open Arms Index(개방형 암스 지수): 암스 지수의 변형. 지수 자체의 평균 대신 네 가지 구성 요소의 평균을 이용해 산출한 지수. 10일 개방형 암스 지수는 매매 타이밍을 잡는 툴로 유용하며 1.10~1.20에서 매수 신호가 발효된다.

- Open-End Fund(개방형 채권 펀드): 순자산가치에 펀드 사에 매도하거나 펀드 사로부터 매수할 수 있는 뮤추얼 펀드.

- Option(옵션): 특정한 기간까지 특정 주식이나 지수를 매수 혹은 매도할 권리(의무가 아님)를 부여하는 계약. 콜은 매수 권리, 풋은 매도 권리를 부여한다.

- Oscillator(오실레이터): 일정한 기준가치(대체로 0)의 위아래로 진동하는 지표. 두 개의 값 사이를 진동하므로 오실레이터라고 말하며 일정한 값이 없이 오르내림이 자유로운 개방형 지표와 반대되는 개념이다. 오실레이터와 개방형 두 가지 형태로 모두 표시되는 지표도 있다.

- Overbought(과매수): 현재 주가가 너무 빨리, 너무 큰 폭으로 오른 상태. 과거엔 과매수가 천정권을 의미했다.

- Pair(페어): 정반대되는 속성을 가진 종목들을 짝지은 것. 헤지펀드

전략으로 자주 이용된다.

- Persistence(영속성): 최근 n일 동안 긍정적 지표를 보인 일수日數의 비율. 대개 일중강도II와 함께 쓰인다. II에서는 과거 6개월 동안 긍정적 지표를 보인 날, 즉 현금흐름 수치가 긍정적이었던 비율을 나타낸다.

- Pivot(피봇): 강세 주식의 상대강도선이 수평으로 되는 밀집구간을 지나 다시 추세가 시작된다. 파워시프트 뒤에 반락 신호가 발효된다.

- Point & Figure(P&F 차트): 시간을 표시하지 않고 주가 움직임만 기록하는 차트. 볼린저 박스 참고.

- Point-and-Figure Swing(P&F 스윙): P&F로 나타낸 현재 움직임의 방향. 마지막 P&F 반전이 일어난 방향.

- Positive Volume Index(PVI): 거래량이 증가하는 날이 중요하다는 논리에서 출발하는 지표. 거래량이 전일에 비해 증가하는 날들의 주가 변화를 누적한 것. NVI 참고.

- PowerShift(파워시프트): 추세를 무너뜨리기에 충분한 강세나 약세가 감지될 때 과매도나 과매수 상태에서 발효되는 기술적 신호 (www.EquityTrader.com 참고).

- Price Filter(주가 필터): 단기간의 노이즈를 줄여 패턴을 명확히 하는 수학적 툴.

- Psychologica/Sentiment Indicator(PSI, 심리/정서 지표): 시장 참

여자의 태도와 감정을 나타내는 지표. 옵션시장에서 콜, 풋 어느 쪽이 강세를 보이느냐가 대표적인 심리 지표의 예. 가장 유명한 지표는 Investors Intelligence의 투자상담사 여론조사와 옵션의 풋-콜 비율. 시장 상황이 극단적일 경우 이 지표를 역으로 이용하기도 한다.

- Pullback(되돌림): 주요 추세를 거스르는 주가 움직임으로 추세 자체를 방해하지는 않는다.

- Put-Call Ratio(풋-콜 비율): 옵션 거래를 토대로 마티 스바이그 Marty Zweig가 개발한 심리 지표.

- Put Option(풋옵션): 일정한 시간에 일정한 가격으로 주식을 매도할 수 있는 권리(의무가 아님)를 부여하는 옵션. 콜옵션 참고.

- Pyramid(피라미드): 네 개의 층위로 구성된 주식시장의 위계 구조. 가장 밑바닥에는 주식이 있고 그 위로 업종과 섹터가 있으며, 꼭대기에 시장이 있다.

- Rate of Change(변화율): 일정 기간 동안의 주가 변화. 대개 백분율로 나타낸다. 이를테면 뉴욕증권거래소 종합지수의 12일 변화율은 훌륭한 시장의 과매수-과매도 지표가 된다. 우리가 만든 시장 모델에는 ROC가 구성 요소로 포함되어 있다. 모멘텀 참고.

- Rational Anaysis(합리적 분석): 기술적 분석과 기본적 분석을 결합한 분석 기법.

- Rational Groups(합리적 업종): 유사 업종 및 유사한 트레이딩 패

턴을 갖는 종목들의 집합.

- Reaction(반락): 조정 참고.

- Relative Strength(RS, 상대강도): 한 종목과 지수의 관계 혹은 한 종목과 여러 종목의 관계. 가장 단순한 형태는 한 종목의 주가를 S&P500 지수로 나눈 것이다. 좀 복잡한 형태로는 일정 기간의 다른 종목들의 주가 움직임과 같은 기간의 한 종목의 주가 움직임을 비교하는 상대강도 순위가 있다.

- Relative Strength Index(RSI, 상대강도지수): 웰레스 와일더가 개발한 지표로 주가 상승폭과 하락폭을 비교하는 지표다. 쉽게 말하면 하락추세에 비해 얼마나 상승추세인지 백분율로 나타낸 지표.

- Resistance Area(저항영역): 현재의 주가보다 높은 가격대에서 가격 상승에 장벽이 되는 영역. 비교적 주가가 높은 이 영역에서 주식을 산 투자자들은 주가가 이 영역으로 회복되면 팔려고 나서기 때문에 주가 상승에 제동이 걸린다.

- Retracement(되돌림): 앞선 움직임의 일부를 '돌이키며' 주요 추세를 거스르는 작은 움직임. 이전 움직임의 3분의 1, 2분의 1, 3분의 2로 움직일 때가 주요한 되돌림 수준이다. 많은 이들이 피보나치 수열로 되돌림 목표가격을 계산한다.

- Risk-Adjusted Return(위험조정 수익률): 부정적 베타가 1보다 클 경우 주식의 연간 수익률을 부정적 베타로 나눈 수. 쉽게 말하면 하락 변동성을 고려한 연간 수익률.

- Sector(섹터): 공동의 경제적 속성을 갖고 있는 업종군의 집합. 예를 들면 원자재 섹터, 원천기술 섹터 등이 있다.

- Sell on the News(뉴스에 팔라): 호재, 특히 많은 사람들이 기대하고 있던 호재가 보도로 나가면 파는 게 상책이라는 뜻. 이때쯤이면 차익 실현 매물이 쏟아지기 때문이다. 거래소의 금언 가라사대 "소문에 사서 뉴스에 팔아라."

- Setback(반락): 일시적인 하락. 호재 뒤에 종종 이런 반락이 일어난다.

- Setup(셋업): 성공률이 높은 트레이딩으로 이끄는 요소들의 조합. 이를테면 밴드 태그와 미확증 지표가 결합되거나 밴드 태그와 W형 바닥형이 결합되면 셋업이 발효된다.

- Short(숏): 주식 거래에서 숏 포지션을 취한 상태. 주가 하락을 기대하고 매수 이전에 매도하는 행위. 거래소의 금언은 말한다. "자기 것이 아닌 것을 파는 자는 그것을 되사든지 아니면 감옥에 가야 한다."

- Short Covering(숏 커버링): 숏 포지션을 정리하는 행위. 다급해진 숏 매도자들이 어떡하든 포지션을 정리하기 위해 나서면서 주가를 끌어올리는 경향이 있다.

- Short Interest(차주잔고): 증권회사로부터 주식을 빌려서 판 사람이 아직 되갚지 않은 주식 수량. 즉 공매 미결제 주식.

- Short Term(단기): 중기 움직임 안의 주가 등락으로 결정되는 시

간 틀. 중기 상승추세에 대한 조정은 단기 하락추세가 된다. 우리의 목적에는 1~10일을 중기로 잡는다.

- Simple Moving Average(단순이동평균): 가장 널리 쓰이는 이동 평균. 가중치를 두지 않고 각 기간의 데이터가 동일하게 취급된다. 추세선과 함께 가장 기본적인 기술적 툴이다.

- Slippage(슬리피지): 희망하는 가격과 체결된 가격의 차이. 수익률을 갉아먹는 주요 요인. 거래 비용 참고.

- Spike Top(스파이크 천정): 봉우리가 하나만 있는 천정. 급등했다가 사전 경고 없이 급락한다.

- Square Root Rule(SRR, 제곱근 법칙): 프레드 맥컬리가 발견한 법칙. 시장이 일정한 움직임을 보일 동안 개별 주가의 제곱근은 시작의 움직임만큼 변한다. 저가주가 고가주보다 더 변동성이 크다는 것을 시사한다.

- Squeeze(스퀴즈): 변동성이 줄어드는 기간으로 이 기간이 지나면 변동성이 증가한다. 변동성이 6개월 저점을 찍으면 스퀴즈 신호가 된다.

- Standard Deviation(표준편차): 평균에서 편차를 측정하는 변동성 측정의 수학적 잣대. 소문자 시그마(σ)로 표기하며 볼린저 밴드의 토대가 된다.

- Stochastic(스토캐스틱): 지난 n일 동안의 거래범위에서 현재의 위치를 백분율로 표시한 것. 10일 스토캐스틱이 70이면 지난 10일간

의 거래에서 최저점과 최고점 사이 70퍼센트에 위치해 있다는 의미다.

- Stock(주식): 주식 거래소에서 매매할 수 있는 기업의 출자증권. 거래소의 금언은 주식과 기업을 혼돈하지 말라고 경고한다.

- Support(지지): 주가 하락이 멈추고 반전이 일어나는 것. 종종 지지가격을 실질가치로 간주하기도 한다. 저항의 반대말.

- Technical Analysis(기술적 분석): 일정 기간 한 종목에 관해 알 수 있는 것은 모두 주가에 반영되어 있다는 믿음에 기초한 분석 기법. 따라서 주가 구조 자체가 미래의 주가를 예측하는 가장 좋은 데이터가 된다.

- Technical Indicator(기술적 지표): 주가, 거래량 등에 관한 수학적 개념으로 의사결정을 돕는다. 대개 공급과 수요의 균형에 초점을 맞춘다.

- Tick Volume(틱 볼륨): 하루 혹은 일정 기간의 주가 변동에 따른 거래량 변화.

- Time Frame(시간 틀): 실제 트레이딩을 행하는 시간을 중심으로 하는 시간상의 틀. 우리는 약 20일을 중기 시간 틀로 상정한다. 그 외에 단기와 장기 시간 틀이 있다. 단기 시간 틀은 실제 트레이딩을 실행하는 시간 틀이며 장기 시간 틀은 시장 운용을 위한 배경을 제공한다. 과거 기술적 분석가들은 일일 차트의 움직임을 단기, 주간 차트의 움직임을 중기, 월간 차트의 움직임을 장기로 보았다. 5분

바 차트를 사용하는 트레이더는 30분을 중기로 볼 수도 있다. 시간 틀은 전적으로 본인이 어떻게 보느냐에 달려 있다. 시간 틀을 어떻게 잡든 중기 계획을 결정하는 시간 틀을 늘 주시해야 한다.

- Trading band(트레이딩 밴드): 주가 주위로 일정한 간격을 두고 구축한 선. 주가 분석이나 지표 해석을 위한 상대적 틀이 된다.

- Trading Range(거래범위): 거래가 상당 기간 일정한 영역에서 벗어나지 못하는 주가범위. 대개 횡보를 보이나 시간이 흐르면 거래범위가 상승하거나 하락할 수도 있다. 거래범위는 밀집 패턴으로 앞선 움직임을 지속할 수도 있고 반전 영역이 될 수도 있다. 이럴 경우 바닥이나 천정으로 거래범위를 식별한다. 애널리스트들은 거래범위에서는 추세장과 판이한 기법을 사용한다. 이를테면 RSI 같은 오실레이터들은 거래범위의 천정이나 바닥에서 반전을 식별하기에 아주 유용한 지표지만 시장이 추세를 보일 때는 RSI 같은 오실레이터들이 썩 적절하지 않다. 추세를 보이는 시장에서는 이동평균이나 회귀 채널 같은 추세추종 기법이 더 유리하다.

- Transaction Cost(거래비용): 트레이딩에 소요되는 비용으로 슬리피지와 수수료가 주를 이룬다.

- Top(천정): 대개 최근에 획득한 최고점을 가리키는 주가 차트의 한 구간으로 상당 폭의 하락이 뒤따른다.

- Trap(함정): 잘못된 포지션을 취하도록 유도하는 어떤 환경이나 주가 움직임. 이를테면 주가가 상승하면서 고점을 돌파해 주가가 더

오르리라 믿게 만들지만 급락하는 것이 강세 함정bull trap이다. 반
대로 신저점까지 떨어졌다가 강하게 치고 올라가는 경우 약세 함정
bear trap이라고 한다.

- Trend(추세): 한 종목의 대체적인 방향성.

- Trend Line(추세선): 한 종목의 추세를 차트 위에 그은 선. 대개 주
요 고점과 저점을 연결해 그린다.

- Triangle(삼각형): 변동성이 꾸준히 감소하는 기간에 나타나는 밀
집 패턴.

- Typical Price(중심가격): 일정 기간 동안 기록된 평균 주가를 측정
한 것. 종종 종가보다 더 유용한 요소로 쓰인다. 산출 공식은 '(고가
+ 저가 + 종가) ÷ 3' 혹은 '(시가 + 고가 + 저가 + 종가) ÷ 4'이다.

- Uptrend(상승추세): 꾸준히 주가가 상승하는 구간.

- Velocity(속도): 주가 변화의 속도. 반전 구조가 서서히 형성되기
이전에 추세 변화를 감지하기 위해 활용된다. 변화율 참고.

- VIX(Chicago Board of Options Volatility Index, 시카고옵션거래소 변
동성지수): 투자자들이 심리적 공황에 휩싸여 투매에 동참, 주가가
저점으로 폭락할 기미를 감지하는 데 활용된다.

- Volatility(변동성): 주가가 변하는 경향. 변동성을 측정하는 도구는
여러 가지가 있는데 표준편차가 가장 흔히 쓰인다.

- Volume(거래량): 일정 기간의 거래 횟수나 거래된 주식의 양.

- Volume indicator(거래량 지표): 거래량을 통해 수요-공급 방정식

의 핵심에 접근하도록 고안된 기술적 지표.

- Volume-Weighted MACD(거래량가중 MACD): 버프 도마이어 Buff Dormeier가 개발한 MACD 지표의 변종. 지수이동평균 대신 거래량 가중평균을 활용한다.

- Warrant(워런트): 일정 수의 보통주를 행사가격에 살 수 있는 옵션. 특히 만기가 긴 장기 옵션.

- Wedge(쐐기형): 바닥이 상승하거나 천정이 하락하는 밀집 패턴.

- Weighted Moving Average(가중이동평균): 연산에 포함된 하루 하루에 다른 가중치를 부여하는 이동평균. 전형적인 예로 가장 최근의 기간에 가중치를 부여하는 최근가중이동평균front-weighted moving average이 있다.

- %b: 볼린저 밴드에서 종가의 위치를 나타내는 지표. 종가가 상단 밴드에 있으면 %b가 1.0, 중간 밴드에 있으면 0.5, 하단 밴드에 있으면 0이다. 산출 공식은 '(종가 − 하단 BB) ÷ (상단 BB − 하단 BB)'이다.

- W Bottom(W형 바닥): 가장 전형적인 바닥형. 첫 번째 저점에서 반등한 후 저점을 재테스트한다. 대개 대문자 W 모양을 만든다.

- Whipsaw(휩소, 속임수 신호): 매도 직후 매수, 혹은 매수 직후 매도 하게끔 발효되는 신호를 말한다. 이에 따라 거래를 하면 거래 비용 이 많이 든다.

- Yield Curve(수익곡선): 시간의 흐름에 따른 수익률 수준을 그래프

로 그린 곡선. 왼쪽은 단기 수익률, 오른쪽은 장기 수익률이 표시된다. 국고채 수익률을 나타낼 때 흔히 쓰인다. 단기 수익률이 장기 수익률보다 낮은 것이 정상이다. 따라서 왼쪽에서 오른쪽으로 가면서 곡선이 상승하며 이를 '양(+)의 기울기'라고 부른다.

- Zigzag(지그재그 패턴): 상승과 하락이 차례로 반복되는 패턴. 대개 최소한의 주가 등락을 가리킨다.

참고문헌

- Bollinger, John, "Volume Indicators," Bollinger Capital, 2000.

- Burke, Michael, The All New Guide to the Three-Point Reversal Method of Point & Figure Construction and Formulas, ChartCraft, New Rochelle, N.Y., 1990.

- Cahen, Philippe, "Analyse Technique Dynamique," Economica, 1999.

- Crane, Burton, The Sophisticated Investor, Simon and Schuster, New York, 1959.

- deVilliers, Victor, The Point and Figure Method of Anticipating Common Stock Price Movements, 1933, reprinted Windsor Books, New York.

- Douglas, Mark, The Disciplined Trader, New York Institute of Finance, New York, 1990.

- Drew, Garfield A., New Methods for Profit in the Stock Market, 1955, reprinted by Fraser Publishing, Burlington, Vt.

- Edwards, Robert D., and John Magee, Technical Analysis of

Stock Trends, 5th ed., John Magee, Inc., Boston, Mass., 1966.

- The Encyclopedia of Stock Market Techniques, Investors Intelligence, New Rochelle, N.Y., 1985.

- Fosback, Norman G., Stock Market Logic, The Institute for Econometric Research, Fort Lauderdale, Fla., 1990.

- Holmes, Oliver Wendell, The Common Law, 1881, reprinted by Dover Publications, Boston, Mass., 1991.

- Hurst, J. M., The Profit Magic of Stock Transaction Timing, 1970, reprinted by Traders Press, Greenville, S.C.

- Kachigan, Sam Kash, Statistical Analysis, Radius Press, New York, 1982.

- Keltner, Chester W., How to Make Money in Commodities, The Keltner Statistical Service, Kansas City, Mo., 1960.

- Levy, Robert, "The Predictive Significance of Five-Point Chart Patterns," The Journal of Business, July 1971.

- Mandlebrot, Benoit B., Fractal Geometry of Nature, Freeman,

1988.

- Merrill, Arthur A., Behavior of Prices on Wall Street, Analysis Press, Chappaqua, N.Y., 1984.

- ———, Filtered Waves, Basic Theory, 3rd ed., Analysis Press, Chappaqua, N.Y., 1977.

- ———, M & W Wave Patterns, 3rd ed., Analysis Press, Chappaqua, N.Y., 1983.

- Schabacker, Richard W., Technical Analysis and Stock Market Profits, 1932, reprinted by Pitman, London, England, 1997.

- Schmidt, W. C., Peerless Stock Market Timing, San Diego, Calif., 1982.

- Shimizu, Seiki, The Japanese Book of Charts, Tokyo Futures Trading Publishing, Tokyo, 1986.

- Stutely, Richard, The Economist Number Guide, John Wiley & Sons, New York, 1998.

- Weiss, Geraldine, and Janet Lowe, Dividends Don't Lie,

Longman, Chicago, Ill., 1989.

- Wheelan, Alexander H., Study Helps in Point and Figure Technique, Morgan, Rogers, and Roberts, 1947, reprinted by Fraser Publishing, Burlington, Vt., 1989.

- White, Michael, and John Gribbin, Einstein: A Life in Science, Dutton Books, New York, 1994.

- Wilder, J. Welles Jr., New Concepts in Technical Trading Systems, Trend Research, Greensboro, S.C., 1978.

- Yates, James, The Options Strategy Spectrum, Dow Jones— Irwin, Homewood, Ill., 1987.

| 저자에 대하여 |

존 볼린저는 볼린저 캐피털 매니지먼트Bollinger Capital Management 회장이자 창립자다. 볼린저 캐피털 매니지먼트는 개인, 기업, 신탁, 퇴직연금 등에 투자자문을 수행하며 기관과 개인들을 위한 독점적인 리서치를 개발, 제공한다.

볼린저는 소식지 《캐피털 그로스 레터Capital Growth Letter》를 발간하는 한편 CNBC에 주간 투자 해설과 분석을 제공하고 있으며, FNN의 수석 시장 분석가로도 활동한 바 있다.

또한 《월스트리트 저널》, 《인베스터즈 비즈니스 데일리》, 《바론즈》, 《주식과 상품의 기술적 분석》, 《뉴욕 타임즈》, 《LA 타임즈》, 《USA 투데이》 등의 잡지에서 전문가인 동시에 기고가로서 활동하고 있다.

| 패턴 카드 |

M형 패턴

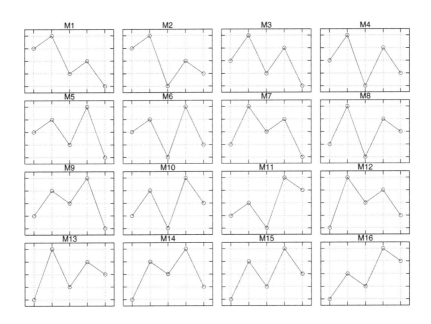

W형 패턴

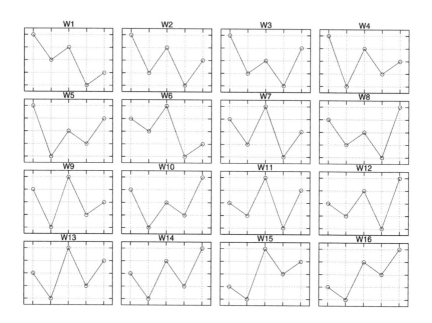

기술적 패턴	메릴의 패턴
상승추세(두 번째 고점이 상승)	M15, M16, W14, W16
하락추세(두 번째 저점이 하락)	M1, M3, W1, W2
머리어깨형	W6, W7, W9, W11, W13, W15
역머리어깨형	M2, M4, M6, M8, M10, M11
삼각형(수렴)	M13, W4
확장형(확산)	M5, W12

| 볼린저 밴드 공식 |

20일 이동평균

$$\bar{c} = \sum_{1}^{20} c_i / 20$$

20일 표준편차

$$s = \sqrt{\dfrac{\sum_{1}^{20} (c_i - \bar{c})^2}{20}}$$

상단 볼린저 밴드

$$\bar{c} + 2 \times s$$

중간 볼린저 밴드

$$\bar{c}$$

하단 볼린저 밴드

$$\bar{c} - 2 \times s$$

볼린저 밴드 변수

기간	폭
10	1.9
20	2.0
50	2.1

%b

$$\frac{(종가 - 하단\ 밴드)}{(상단\ 밴드 - 하단\ 밴드)}$$

밴드폭

$$\frac{(상단\ 밴드 - 하단\ 밴드)}{중간\ 밴드}$$

| 지표별 산출 공식 |

50일 거래량 이동평균

$$\bar{v} = \sum_1^{50} v_i / 50$$

표준화한 거래량

$$v / \bar{v} \times 100$$

일중강도(II)

$$\sum_1^{\infty} ((2c - h - l) / (h - l) \times v)$$

매집/분산(AD)

$$\sum_1^{\infty} ((c - o) / (h - l) \times v)$$

OBV 오실레이터

$$\sum_1^{20} (((c > c_{-1}) - (c < c_{-1})) \times v)$$

거래량가중 MACD(VW MACD)

$$\sum_1^n c_i \times v_i / \sum_1^n v_i - \sum_1^m c_i \times v_i / \sum_1^m v_i$$

n = 단기 이동평균 산출기간
m = 장기 이동평균 산출기간

자금흐름 지표(MFI)

$$t = (h + l + c) / 3$$

$$100 - \left(\frac{100}{1 + \sum_1^n (t > t_{-1} \times v) / \sum_1^n (t < t_{-1} \times v)} \right)$$

n의 기본 설정값은 14

표준화한 21일 II 오실레이터

$$\sum_1^{21} ((2c - h - l) / (h - l) \times v) \sum_1^{21} v_i \times 100$$

이때

c = 종가
h = 고가
l = 저가
o = 시가
v = 거래량
하첨자 −1은 전일을 가리킴

볼린저 밴드 투자기법

초판 1쇄 발행 2010년 7월 20일
개정판 1쇄 발행 2021년 1월 26일
    10쇄 발행 2024년 2월 5일

지은이 존 볼린저
옮긴이 신가을
감 수 김정환

펴낸곳 (주)이레미디어
전화 031-908-8516(편집부), 031-919-8511(주문 및 관리) | 팩스 0303-0515-8907
주소 경기도 파주시 문예로 21, 2층
홈페이지 www.iremedia.co.kr | 이메일 mango@mangou.co.kr
등록 제396-2004-35호

책임편집 공순례 | 디자인 에코북디자인 | 마케팅 김하경
재무총괄 이종미 | 경영지원 김지선

ISBN 979-11-88279-80-7 03320

이 도서의 국립중앙도서관 출판예정도서목록(CIP)은 서지정보유통지원시스템 홈페이지(http://seoji.nl.go.
kr)와 국가자료종합목록 구축시스템(http://kolis-net.nl.go.kr)에서 이용하실 수 있습니다. (CIP제어번호 :
CIP2020019318)

·책값은 뒤표지에 있습니다.
·잘못된 책은 구입하신 서점에서 교환해드립니다.